MODERN HUMANITIES RESEARCH ASSOCIATION
CRITICAL TEXTS
VOLUME 51

EDITOR
MALCOLM COOK

La Voie de Povreté et de Richesse
Critical Edition

La Voie de Povreté et de Richesse
Critical Edition

Edited by
Glynnis M. Cropp

Modern Humanities Research Association
2016

Published by

The Modern Humanities Research Association
Salisbury House
Station Road
Cambridge CB1 2LA
United Kingdom

© *The Modern Humanities Research Association, 2016*

Glynnis M. Cropp has asserted her right under the Copyright, Designs and Patents Act 1988 to be identified as the author of this work. Parts of this work may be reproduced as permitted under legal provisions for fair dealing (or fair use) for the purposes of research, private study, criticism, or review, or when a relevant collective licensing agreement is in place. All other reproduction requires the written permission of the copyright holder who may be contacted at rights@mhra.org.uk.

First published 2016

ISBN 978-1-78188-214-6

Copies may be ordered from www.criticaltexts.mhra.org.uk

TABLE OF CONTENTS

Foreword	vii
Introduction	1
Genesis of the Poem	1
Manuscripts	4
Title	8
Form and Structure	9
Personification and Abstract Terms	11
Themes: Marriage, Work	16
Expression and Style	18
Versification	19
Linguistic Features	20
Editing	22
La Voie de Povreté et de Richesse	25
Variants	98
Notes on the Text	104
Appendix	113
Table of Proper Names	115
Glossary	120
Select Bibliography	135

FOREWORD

This edition is the outcome of my reading and research on poverty in the Middle Ages, and in particular on the relation between covetousness and poverty. Occasionally mentioned by historians, Jacques Bruyant's poem seemed to lack a recent edition in its Middle French form. I have aimed to fill that gap with this edition.

It is a pleasure to express my appreciation for the help I have received from colleagues and institutions, particularly the Bibliothèque nationale de France and the Institut de Recherche et d'Histoire des Textes, Paris, the British Library, London, the Herzog August Bibliothek, Wolfenbüttel, and the Free Library of Philadelphia.

I am especially grateful for the support of the University Library and my colleagues in the School of Humanities, at Massey University, Palmerston North, where I have completed this work.

I sincerely thank my Australian colleague, Dr Keith Atkinson, who read the edition. I have benefited also from the comments of Professor Jean Blacker and Professor Jane Taylor, in the course of contributing an essay on *La Voie de Povreté et de Richesse* to the *Festschrift* volume they are editing.

It is again a pleasure to prepare the publication with Mr Gerard Lowe, Publishing Manager, Modern Humanities Research Association. I thank him and Professor Malcolm Cook, Editor of the MHRA Critical Texts series, for their interest and help.

Glynnis M. Cropp

INTRODUCTION

Genesis of the Poem

The allegorical dream-vision poem, *La Voie de Povreté et de Richesse*, is at present known mainly from its incorporation in *Le Mesnagier de Paris* (1392–94), an ambitious compilation left incomplete, according to the anonymous author's initial plan.[1] The poem seems a curious anomaly in this work, which is otherwise entirely in prose. Nor does its content seem to fit easily with the intention of the husband-narrator of *Le Mesnagier* to instruct his young wife in religious and moral improvement and knowledge of useful practical matters, so that she will be an obedient wife and efficient household manager, while he enjoys his prosperity and pleasure.[2]

The poem, which opens the second section of *Le Mesnagier*, contains in abbreviated form the essentials of the religious instruction already given in the first section. It is the dream-vision of a newly-wed husband, advocating in conclusion a work ethos for the attainment of sufficiency. It thus provides an effective transition to the following articles on practical aspects of household management, beginning with gardening, an eminent example of a means of working to obtain sufficiency.

---

[1] *Le Ménagier de Paris, Traité de morale et d'économie domestique composé vers 1393 par un bourgeois parisien*, ed. by Jérôme Pichon, 2 vols (Paris: Société des bibliophiles françois, 1846; repr. Geneva: Slatkine, 1982), II, 4–42. The poem is not included in *Le Menagier de Paris*, ed. by Georgine E. Brereton and Janet M. Ferrier (Oxford: Clarendon, 1981). The Middle French/Modern French edition *Le Mesnagier de Paris*, ed. by Georgina [sic] E. Brereton et Janet M. Ferrier, trans. by Karin Ueltschi (Paris: Le Livre de Poche, 1994), has as an Appendix Pichon's edition of the poem, without footnotes or translation (pp. 813–37). The recent translation, *The Good Wife's Guide. Le Ménagier de Paris. A Medieval Household Book*, trans. by Gina L. Greco & Christine M. Rose (Ithaca: Cornell University Press, 2009), includes a prose translation of the poem (pp. 177–208) and distinguishes the modern editions of *Le Mesnagier* (pp. 3–5, 179–80). Pichon's edition does not generally conform to current criteria for editing medieval texts; it lacks line numbering and has extensive use of accents. A new separate edition of the medieval text of the poem is now justified.

[2] Some of the material in the Introduction is also included in my essay '*La Voie de Povreté et de Richesse*, a Fourteenth-Century Moral Allegory', to be published in *Court and Cloister, Text and Context: Studies in Short Narrative in Honor of Glyn S. Burgess*, ed. by Jean Blacker and Jane H. M. Taylor, Arizona Medieval and Renaissance Texts and Studies (Tempe: ACMRS, forthcoming). I am grateful to both editors for their comments and advice, which have helped clarify my work.

The narrator of *Le Mesnagier* claims no part in the poem's composition, nor seeks praise for it, but, because he considers it relevant to his subject, he has included it in its entirety and named its author:

> ... je n'y ay riens mis du mien, ne n'en doy point avoir l'onneur, mais le doit avoir un bon proudhomme et soubtil appellé feu Jehan Bruyant, qui jadis fut notaire du Roy ou Chastellet a Paris, qui fit le Traictié qui s'ensuit. Et lequel je mectz cy apréz seulement pour moy aidier de la diligence et parseverence que son livre monstre, que un nouvel marié doit avoir. (MS Paris, Bibliothèque nationale de France, fonds français, 12477, fol. 69^v)[3]

He adds after the *explicit*: 'Chierre seur, par ce que dit est pouez veoir qu'est diligence et qu'est parseverance. Et ainsi, chiere, est le premier article demonstré' (fol. 105^v). Perhaps the poem's inclusion was meant to be a compliment to the poet. But the narrator clearly intended his wife, whom he addresses thus at the beginning and at the end, to heed the message of the poem.

La Voie de Povreté seems to have existed some fifty years prior to this compilation. The only piece of evidence regarding its date of composition and authorship is a marginal note in MS Paris, BnF, nouvelles acquisitions françaises, 6222, fol. 23^v, erased and now barely legible, but copied in 1832 by Gaspard-A. Crapelet, which attributed the date of composition to 1342 and authorship to 'Jacques Briant, né de la ville de Paris'.[4] Arthur Långfors connected the author's name to a verse prayer to the Blessed Virgin Mary by 'Jaquet Bruiant Clerc'.[5] No further evidence having been found, the poet is now identified as Jacques (or sometimes Jaquet or Jean) Briant or Bruyant.

The intention is here to edit the poem on the basis of the text contained in the MS Paris, BnF, fr. 1563, fols 203^r-221^r, and to present it as an individual poetic work, probably composed in the middle of the fourteenth century in the reign of Philippe VI (1328–50), when France had suffered misfortunes in the war with England, and when poverty, famine, unemployment, and the threat of plague are enduring social issues. Royal ordinances of 1351 and 1354 aimed to reduce vagrancy and to get able-bodied people hired to work. But crowds of paupers protested violently, angered by the inequitable distribution of goods and the sight of the wealth of the nobility and powerful.[6] At the end of the

---

[3] Although this is the base manuscript of Pichon's edition, my transcription differs from his.
[4] *Catalogue général des Manuscrits français de la Bibliothèque nationale. Nouvelles Acquisitions françaises* (Paris: E. Leroux, 1900), II, 419–20.
[5] Arthur Långfors, 'Jacques Bruyant et son poème *La Voie de Povreté et de Richesse*', *Romania*, 45 (1918-19), 49–83 (pp. 64, 76–80).
[6] See Michel Mollat, *The Poor in the Middle Ages. An Essay in Social History*, trans. by A. Goldhammer (New Haven: Yale University Press, 1986), pp. 129–56, 231; Bronislaw Geremek, *The Margins of Society in Late Medieval Paris*, trans. by J. Birrell (Cambridge: Cambridge University Press, 1987), pp. 29–43, 67–82; id., *Poverty: A History*, trans. by A. Kolakowska (Cambridge, MA: Blackwell, 1994), pp. 169–84. Socio-economic implications

fifteenth century the moral issues of poverty, working for income, and sufficiency were still important enough for Pierre Gringore to compose a new and slightly shorter version of the poem, which is more abstract and something of a homily, although focusing on the subject of work, as reflected in its title: *Le Chasteau de Labour*.[7]

La Voie de Povreté is considerably shorter than other contemporary moral allegories combining a journey narrative and moralising discourse.[8] With 2634 verses in octosyllabic rhyming couplets, and composed in the first person, it has stock themes and commonplaces, without much depth of thought. It expresses the need for diligence and perseverance to avert poverty and to gain sufficiency, rather than prosperity. Writing in straightforward language for a general public, Bruyant shows certain typical characteristics of medieval style, for example, the accumulation of synonyms. He avoided, however, long descriptions, illustrative examples, gloss, and references to authorities, which would have amplified his work. The moral discourse, which is coherently constructed, takes up about two-thirds of the poem. While not verbose or prolix, it cannot be described as succinct or concise. The narrative, which also contains some moral instruction, is economically related and reported summarily near the end to the dreamer/narrator's wife.

---

of Bruyant's poem have recently been analysed: Ionut Epurescu-Pascovici, 'Le Chemin de Povreté et de Richesse and the Late Medieval Social Imaginary', *French Historical Studies*, 36.1 (2013), 19–50.

[7] Charles Oulmont, *Pierre Gringore: La Poésie morale, politique et dramatique à la veille de la Renaissance*, Bibliothèque du Quinzième siècle, 14 (Paris: Champion, 1911; repr. Geneva: Slatkine, 1976), pp. 29–31. Cf. Jacques-Charles Brunet, *Manuel du libraire et de l'amateur de livres*, 6 vols (Paris: F. Didot, 1864), II, 1742–45. The edition referred to here is: *Le Chasteau de Labour Nouvellement imprimé* (Paris, ca. 1500); Wolfenbüttel, Herzog August Bibliothek (M: Lm 1661 (1)); 4°: a8, B–C4, D8, E–F4, G8; <http://diglib.hab.de/drucke/lm-1661-1s/start.htm>. The title page, without the author's name, which is, however, given in an acrostic at the end of the poem, has a woodcut depicting a weary author, sitting with his gaze averted from a lectern and books. See also Cynthia Brown, 'Pierre Gringore et ses imprimeurs (1499–1518): collaborations et conflits', *Seizième Siècle*, 10 (2014), 67–87 (pp. 68–72, 75). The structure of the poem is briefly considered here in the Appendix (pp. 113–14), and a description of the work is included in my forthcoming essay mentioned in note 2 above.

[8] See Pierre-Yves Badel, 'Le Poème Allégorique', in *La Littérature française aux XIVe et XVe siècles*, 1, Grundriss der romanischen Literaturen des Mittelalters, VIII/1 (Heidelberg: Carl Winter, 1988), pp. 149–53 (pp. 151–52); id., '*Le Roman de la Rose' au XIVe siècle. Etude de la Réception de l'Œuvre* (Geneva: Droz, 1980), pp. 354–61.

Manuscripts

1. The Known Manuscripts

Manuscripts containing the poem are of the fifteenth and early sixteenth century. It is found in eleven manuscripts where it is part of a miscellany of moral and literary texts:

1. Berkeley, University of California, Bancroft Library, MS UCB 173, fols 1–54^r.
2. Chantilly, Bibliothèque et Archives du Château, MS 497, fols 12–84^r.
3. Chartres, Bibliothèque municipale, MS 408, fols 3–19, of which fragments only exist.
4. Geneva, Bibliothèque publique et universitaire, MS 179bis, fols 97–131^v, which lacks the beginning and end of the text.
5. London, British Library, MS Royal 19. B. IV, fols 75–96^r.
6. London, British Library, MS Royal 19. C. XI, fols 95^v–113^v.
7. New York, Pierpont Morgan Library, MS M. 396, fols 215^r–227^r.
8. Paris, Bibliothèque nationale de France, MS fr. 808, fols 51ra–72ra.
9. Paris, Bibliothèque nationale de France, MS fr. 1563, fols 203^r–221^r.
10. Paris, Bibliothèque nationale de France, MS n. acq. fr. 6222, fols 13–23^v.
11. Stockholm, Kungliga Biblioteket, MS V.u 23, fols 1–43.

It is found in one single-text, richly illuminated manuscript:

> Philadelphia, Free Library, MS Widener 1, fols 1–74^v, which lacks the folio containing the final sixteen verses with the *explicit*.

It is also contained in all four known manuscripts of *Le Mesnagier de Paris*:

1. Brussels, Bibliothèque royale de Belgique, MS 10310–10311, fols 89^v–100.
2. Luxembourg, Bibliothèque nationale de Luxembourg, MS 95, fols 147^r–185^r.
3. Paris, Bibliothèque nationale de France, MS fr. 12477, fols 69^v–105^v.
4. Paris, Bibliothèque nationale de France, MS n. acq. fr. 6739, fols 114^b–143^a.[9]

Two of the manuscripts containing the poem are not in good condition. The MS Chartres, Bibliothèque municipale, 408 was badly damaged in the Library fire, 26 May 1944. Folios 3–19 originally contained the poem; fragments of only

---

[9] The Brussels and Paris manuscripts are described by Brereton and Ferrier (*Le Menagier*, pp. xii–xviii), and the Brussels manuscript is included in *La Librairie des ducs de Bourgogne: Manuscrits conservés à la Bibliothèque royale de Belgique*, vol. 2, *Textes didactiques*, ed. by Bernard Bousmanne, Frédérique Johan, and Céline van Hoorebeeck (Turnhout: Brepols, 2003), pp. 164–69. I am grateful to Dr Thomas Falmagne, Universitätsbibliothek Frankfurt, who is preparing a descriptive catalogue of manuscripts in the Bibliothèque nationale de Luxembourg, for information on the Luxembourg manuscript. He also brought to my attention two entries in the catalogue of Philippe le Bon (February 1469) for single-text manuscripts containing the poem (*Corpus Catalogorum Belgii. The Medieval Booklists of the Southern Low Countries. Volume V: Dukes of Burgundy*, ed. by Thomas Falmagne and Baudouin Van den Abeele (Brussels: Paleis der Academïen, 2011), 5.226 and 5.232). Långfors listed two lost manuscripts, which correspond to these entries ('Jacques Bruyant', p. 67).

six of these folios are conserved with twelve pieces of text, each of about 12–16 lines, belonging between verses 947 and 1974.[10] The MS Geneva, Bibliothèque publique et universitaire, 179bis, a collection of thirty-three texts, has been mutilated. It contains most of the poem, but lacks the beginning and end.[11] MS New York, Pierpont Morgan Library, M. 396, folios 215^r–227^r, contains most of the poem, but as with some other texts in this manuscript, notably *Le Livre de Boece de Consolacion*, there are omissions. Perhaps the copyist shortened the text for easier reading.[12] Certainly the versification and syntax of *La Voie* are simple enough to permit the occasional omission, or addition, of a couplet. But in this case the copyist made some important abbreviations. Initially he omitted from their usual place in the poem the Seven Deadly Sins (269–792), but after verse 836, he inserted in the following order extracts from the passages on Ivresse (corresponding to verses 638–48), Ire (442–74) and Convoitise (559–82). He also omitted a passage on Destinee (959–94), but supplied after verse 1098 sixteen verses of description of the castle, where one must halt on the way to Richesse.[13] These deviations by an individual copyist seem somewhat arbitrary.

Two manuscripts have illustrations. The Pierpont Morgan manuscript has ten wash drawings (77 × 70 mm.), inserted at apposite places in the text. Seven of them depict allegorical figures, standing at the bedside of the protagonist and his wife; in the eighth, he and his escort are met by the castle gatekeeper and his wife, who, in the ninth, lead the protagonist inside, to where a workman wields a mallet, and in the tenth, joined by the castellane, they watch the protagonist who sits at a bench and holds a hammer, ready to strike. The Philadelphia manuscript is a richly decorated copy (*ca.* 1425–30), attributed to the Fastolf Master or the workshop of the Bedford Master. The text is divided into forty-seven chapters, all except chapter 23 having an initial illumination and a rubric.[14] Three remarkable

---

[10] The website *A la recherche des manuscrits de Chartres*, <http://www.manuscrits-de-Chartres.fr>, documents the medieval manuscripts that belonged to the Bibliothèque municipale, Chartres. As yet, a detailed entry for MS 408 does not appear, but is in progress. I am grateful to Mesdames Claudia Rabel et Géraldine Veysseyre, Institut de Recherche et d'Histoire des Textes, Paris, for their help.
[11] B. Atherton, J. K. Atkinson, 'Les Manuscrits du *Roman de Fortune et de Félicité*', *Revue d'Histoire des Textes*, 22 (1992), 169–251 (p. 197).
[12] Glynnis M. Cropp, 'Les Manuscrits du *Livre de Boece de Consolacion*', *Revue d'Histoire des Textes*, 12–13 (1982–83), 263–352 (pp. 284–85).
[13] Fol. 218va. It is the 'chastel de Labour', which Travail and Paine, Soing and Cure control. See below, the Note on v. 1098.
[14] *Le Livre du Chastel de Labour, par Jean Bruyant: a description of an illuminated manuscript of the fifteenth century* (Philadelphia, 1909) includes phototype reproduction of twenty-four pages with illustrations and rubrics; Paul Meyer, 'Le livre du Chastel de Labour, par Jean Bruyant', *Romania*, 39 (1910), 419–20; Långfors, 'Jacques Bruyant', pp. 64–65. Eight pages can be viewed on-line: <http://libwww.library.phila.gov/medievalman/detail.cfm?ite>. See also Jacques Bruyant, *Le livre du Chastel de Labour* (Lucerne: Faksimile Verlag, 2005), and Greco & Rose, *The Good Wife's Guide*, pp. 177–78, where it is suggested that the medievalist F. W. Bourdillon (1852–1921) might have been responsible for the description of the Widener manuscript.

6   INTRODUCTION

illustrations are of Desesperance fleeing out of the window on the arrival of Raison (fol. 7ʳ), of Raison and the protagonist at the junction of two paths leading to a castle (fol. 28ʳ), and of the Castle with numerous manual workmen (fol. 61ᵛ).

The early sixteenth-century Stockholm manuscript, containing a collection of didactic works, has division of the poem into chapters, with forty-three rubrics, very similar to the arrangement of the Philadelphia Widener manuscript, but without illustrations.[15]

2. Manuscript Context

The manuscript miscellanies in which *La Voie de Povreté* is found consist of moral and literary texts, including especially *Le Roman de la Rose*, other works by Jean de Meun, and the *Roman de la Rose* debate. Work by other major authors also figures: Guillaume de Deguileville's *Le Pelerinage de la vie humaine*; poetry by Guillaume de Machaut, Christine de Pizan, Alain Chartier; translations of Cato, Boethius, Jacques de Cessoles, Guillaume de Conches; two dream poems, *Le Songe veritable*, *Le Songe amoureux*; etc. This evidence testifies that the poem had considerable literary status in the fifteenth century and was to be read alongside of works by significant authors. The order of the texts in these manuscripts is of interest. The poem is too long to be considered merely to fill space. In the partially destroyed Chartres manuscript, it was the opening text, as it is in the manuscript Berkeley, MS UCB 173, a miscellany of eleven texts. In only two manuscripts is it the final text: London, BL, Royal 19. B. IV and Paris, BnF, fr. 808. Elsewhere it is well embedded in a collection of works.[16]

3. Manuscripts of the Edition

The base manuscript is: Paris, BnF, fr. 1563, where *La Voie de Povreté* is the tenth text in a collection of twelve works.

Description: Paper (watermarks: anchors, probably close to Briquet 347, 349, 350 and 365; basilisk, of the type Briquet 2701-09[17]), early 15th century, I + 224 fols in 16 gatherings, 263 × 184 mm, double columns of 36 lines for this text, ruled

---

[15] Långfors, 'Jacques Bruyant', pp. 65-67.
[16] For example, in MS Chantilly, Bibliothèque et Archives du Château, 497, *La Voie de Povreté* (fols 12-84ʳ) fits between *Le Songe amoureux* (fols 1-11ʳ) and the *Histoire d'Apollonius de Tyr* (fols 84ᵛ-142); in MS New York, Pierpont Morgan, M. 396, the work of Guillaume de Machaut (fols 1-214ᵛ) is followed by *La Voie de Povreté* (fols 215ʳ-227ʳ), Alain Chartier, *La Belle Dame sans merci* (fols 227ʳ-229ᵛ), and *Le Livre de Boece de Consolacion* (fols 230ʳ-247ʳ).
[17] Charles-Moïse Briquet, *Les Filigranes, dictionnaire des marques de papier dès leur apparition vers 1282 jusqu'en 1600*, 4 vols (Paris: A. Picard, Geneva: A. Julien, 1907).

with prickmarks. Foliation in arab numerals, catchwords; black ink, with red initials and rubrics within the text, and some red underlining of abstract nouns (fols 203^r–207^v); divisions are marked in red in the margin; *littera cursiva*, with occasional crossings-out and corrections by the copyist, who was responsible for the entire manuscript, except, it seems, for fols 144vb–147^v, 222ra–223^v. In *La Voie de Povreté* only, the word *cuer* is sometimes represented by a drawing of a small heart (e.g. fol. 211va, vv. 1252–53).

Contents: fols 1–144va: *Le Roman de la Rose*; fols 144vb–147^v: *Les Regles du gouvernement dez baitelles* (extracted from Jean de Meun's translation, *L'Art de chevalerie*); fols 148^r–174^r: *Le Testament maistre Jehan de Meung*; fols 174^v–175^r: *Le Codicile maistre Jehan de Meum* [sic]; fols 175^v–177^v: blank; fols 178ra–199rb: Four epistles, and a fragment of a fifth, between Christine de Pizan and Pierre Col, and the chancelier de Paris, on the *Roman de la Rose*; fols 199^v–202^v: blank; fols 203ra–221rb: *C'est le Livre de Povreté et de Richesse*, with colophon (fol. 221rb): 'Explicit hoc totum, pro pena da michi potum / Explicit, expliceat, scriptor ludere eat'; fol. 221rb: a short Balade, 'Qui est l'amour …'; fols 221^v–223^v: Alain Chartier, *Lay de la Paix*.[18]

In the editing process, the text of other manuscripts has been usefully consulted. Variants are provided from two control MSS: London, BL, Royal 19. C. XI, fols 95va–113vb (A) and Paris, BnF, fr. 808, fols 51ra–72ra (B).

(A) London, BL, Royal 19. C. XI, fols 95va–113vb

Description: Vellum, early 15th century, I + 156 fols in gatherings of eight, 32.5 × 25.2 mm, double columns of 35 lines for this text, ruled. Recent foliation in arab numerals, catchwords; black ink, with initials flourished in red, blue and black ink, marking the beginning of sections, without rubrics; a very regular *littera cursiva* hand.

Contents: fols 1ra–51rb: *Le Livre de la Moralité des nobles hommes et des gens de peuple sur le jeu des eschez* (Jean de Vignay's translation, with dedication to Jehan de France, duc de Normandie, who was to be King of France, 1350-64); fols 52ra–65vb: Renaut de Louhans, *Melibee et Prudence*; fols 66ra–78rb: *Le Livre de Moralité* (a translation of Guillaume de Conches, *Moralis Philosophia*); fol. 78^v: blank; fols 79ra–88vb: Jehan de Meun, *Les .vii. articles de la foy catholique*; fols 89ra–95rb: Philippe de Vitry, *Le Chappel des fleurs de lis*; fols 95va–113vb: *Le Chemin de Povreté et de Richesse*; fols 114ra–147va: *Elucidaires*; fols 148ra–152rb:

---

[18] *Catalogue des Manuscrits français de la Bibliothèque nationale* (Paris: Firmin Didot, 1868), I, pp. 254–55; Ernest Langlois, *Les Manuscrits du Roman de la Rose* (Paris: Champion, Lille: Tallandier, 1910), pp. 20–22; Långfors, 'Jacques Bruyant', p. 63; Eric Hicks, *Le Débat sur le Roman de la Rose* (Paris: Champion, 1971), pp. lxiii–lxvii, lxxxi–lxxxiii; *The Poetical Works of Alain Chartier*, ed. by J. C. Laidlaw (Cambridge: Cambridge University Press, 1974), p. 67.

Sept saulmes, in Latin and in French; fols 152rb–155vb: Seven hymns and prayers in Latin; fol. 156: blank apart from some handwriting, probably added in the seventeenth century.

The first two texts have small miniatures, and the third has an illuminated initial.[19]

(B) Paris, BnF, fr. 808, fols 51ra–72ra

Description: Previous shelfmark: 7201. Vellum, 15th century, I + 72 fols + I, double columns of 32 lines for this text, ruled. Recent foliation in arab numerals, catchwords; black ink, with alternately red and blue initials, flourished in blue and red, marking the beginning of sections; without rubrics; a regular *littera cursiva formata* hand. One small miniature of the Trinity, fol. 1ra.

Contents: fols 1–36va: *Le Testament maistre Jehan de Meun*; fols 36vb–37rb: *Le petit Codicille maistre Jehan de Meun*; fol. 37^{v}: blank; fols 38ra–51ra: *Le Codicille maistre Jehan de Meung, ou les Sept Articles de Foi*; fols 51ra–72ra: *Le Livre de Povreté et de Richesse*; fol. 72^{v}: blank.[20]

Selection of a base manuscript is usually difficult and dependent on evaluation of various factors. No fourteenth-century witnesses of the poem being extant, it seems that BnF, fr. 1563, an early fifteenth-century manuscript, has some priority. Although the copyist hurried unduly or was less conscientious than would normally be expected, the text is complete, has short rubrics to guide readers, and a few particularities, such as the verses 2279–83. The state of the text in Paris, BnF, fr. 808 is close in most respects, whereas London, BL, Royal, 19. C. XI shows signs of revision and a number of omissions. Taken together, the three manuscripts are evidence of the *mouvance* to which the state of the text was susceptible.

Title

Långfors derived the title from the *explicit* which is common to all complete manuscripts of the text:

> Ainssy vuel mon livre a fin traire,
> Apellé *la Voie ou l'Adresse*
> *De Povreté et de Richesse*. (2632–34)
>
> [Thus I wish to end my book entitled *The Way or the Direction of Poverty and Riches*.]

---

[19] <http://www.bl.uk/catalogues/manuscripts/HITS0001.ASP?VP> (*The British Library Manuscripts Catalogue*).
[20] *Catalogue des Manuscrits français*, I, p. 84.

INTRODUCTION 9

Some copyists substituted 'ou' for 'et' in the last verse (e.g. MS New York, PM, M. 396, fol. 227ʳ; Paris, BnF, fr. 808, fol. 72ʳᵃ). An *incipit* does not appear in all manuscripts. Where it does, the wording varies. In some manuscripts (e.g. Paris, BnF, fr. 808, fol. 51ʳᵃ), it reads 'Cy commance le livre de povreté et de richesse'. In one case, the title was expanded erroneously to 'Le livre de l'arguement que font ensemble povreté et richece' (MS London, BL, Royal 19. B. IV, fol. 75ʳ). Långfors recorded the *incipit* of the Chartres manuscript: 'Cy commence le livre ou romans, fait aussy comme par maniere de songe, qui est appellé la Voye et l'adresce de povreté et de richesce' (fol. 3),[21] which serves to confirm the wording of the title. The closely related Philadelphia and Stockholm manuscripts, however, have 'Ci commence le livre du chastel de labour, de povreté et de richesse …' (Widener, fol. 1ʳ), anticipating the title Pierre Gringore gave to his adaptation.[22]

Form and Structure

Moral and religious allegories regularly took the form of a *Voie*, a path or journey, to some other place or state. Personified vices and virtues are encountered along the way. It is an essentially artificial mode of expression, yet open enough to include instruction for the laity, moralization, and diverse incidents, as in the prime example of French allegory, *Le Roman de la Rose*. With 2634 verses, *La Voie de Povreté* is of much more limited scope. Without the amplification of learned references, but sprinkled with proverbs and common sayings, it is as though intended for a fairly unsophisticated audience. It has the form of a dream-vision.[23] While sleeping, a narrator dreams events with allegorical and didactic significance, requiring interpretation. A guide accompanies the protagonist on his imaginary dream journey.

The poem opens with musing on a proverb: 'Que "mettes ung fol a par soy, / Il pansera de lui chevir"' [leave a fool to himself, he will think how to manage] (4–5),[24] which vaguely foreshadows the concluding moral lesson of managing to live with sufficiency. The unnamed first-person author-narrator then slips easily into the role of protagonist. He had a dream, as he lay awake beside his wife, eighteen to twenty days after their wedding, when thought of the financial consequences of marriage and the spectre of poverty haunted him (11–22). At the end of the dream (2483–92), this narrative frame is completed. He returns

---

[21] Långfors, 'Jacques Bruyant', p. 62.
[22] See note 7.
[23] *Oxford Dictionary of Literary Terms* (Oxford: Oxford University Press, 2008), p. 99.
[24] Joseph Morawski, *Proverbes français antérieurs au XVᵉ siècle* (Paris: Champion, 1925), 1230; James W. Hassell, Jr., *Middle French Proverbs, Sentences, and Proverbial Phrases* (Toronto: Pontifical Institute of Mediaeval Studies, 1982), F156.

home to his wife. After their meal, she listens to his faithful summary of his dream (2503–62), and dismisses it as fantasy (2563–70). The narrator holds his tongue, commenting, however, that what women say should be disregarded and men should not cross them (2571–2604). He goes to bed, recapitulating the advice he has received in his dream and praying to the Virgin Mary that he might attain Sufficiency, which constitutes perfect Riches (2624–31).

The dream-vision, which occurs within this framework of the real time and place of the poem, combines the narrative of a journey with moral and religious didacticism conveyed by personified abstracts. It has three parts: the torment of poverty, moral discourse, and journey and work experience. A distinct set of personified abstracts appears in each of the three stages.

In the first part, the dreamer is assailed by Besoing and his sisters, Necessité, Souffrette, and Disette, the progeny of Povreté and Meseur, followed by Pensee, Soucy, Desconfort, and his daughter Deseperance. The physical and psychological torment they inflict makes the protagonist despair of attaining wealth and even of his continued existence (35–223).

These figures all flee abruptly, when Raison arrives. Noble and wise, of royal and heavenly descent, she dominates the second part and is the principal voice of the poem. The dreamer listens passively and silently to her monologue on Christian duty, the Seven Deadly Sins, Destiny and Fortune, and most importantly the choice of the path to follow (the right-hand path of Diligence, paved with Perseverance, and leading to Richesse, or the left-hand path of Peresse, 'Sloth', leading to Povreté), and service of one's master (224–1322). Entendement briefly adds support for Raison's argument (1326–46). The dreamer has a moment to ponder before smartly attired Barat, 'Fraud', seeming to be a slick lawyer, appears with two dubious companions Tricherie, 'Trickery', and Hoquelerie, 'Swindle', and contests Raison's argument. He condemns her as 'folle'. She is a source of inevitable poverty, whereas by the flattery, stinginess, deception, elegant attire, dishonesty and pretence which he recommends — and no doubt practises — one can prosper and become powerful (1354–1550). Entendement, Raison's ally, intervenes in defence of Raison's advice, warning the dreamer against the temptation to follow Barat, and parrying Barat's contention that Raison is 'folle' (1567–1678). Thus he predisposes the protagonist to commit himself to Raison. She returns and resumes her monologue, in which, with imperatives and entreaties, she demands his submission. Barat's argument is thus wholly outweighed by the two moral proponents. Raison reproaches the dreamer with his silence. In one of his few utterances in the poem and with a rare touch of irony, he reminds her that she advised him to think carefully before speaking and not to reply hastily. He then makes formal commitment to serve her, kneeling and swearing homage with clasped hands. She kisses him and disappears, but the sense of her presence remains within him (1689–91). Almost two-thirds of the poem is devoted to this didacticism.

In the third stage, three sets of helpers-advisers, acting in accordance with Raison's wishes, participate in the dreamer's journey and work experience. This is the part of the dream where he becomes active. Having chosen the right-hand path, he is escorted by Bon Cuer, Bonne Volenté and their son, Talent-de-bien-faire, who lead him, it is said, to the 'noble chastel de Richesse' (2021), but which is in fact the 'chastel de Labour' (2161). They commend him to the gatekeepers Soing and Cure (1982–2190). He is admitted to join 100,000 workers and toils for about twenty-four hours with one meal break. He gains the approval of the castellans, Peinne and Travail, who, satisfied with his application to work, grant him leave to seek Repos. He sets out, but not without the gatekeepers' advice ringing in his ears: get up early, follow Raison, persevere, have a sense of sufficiency, and do not rest too much (2191–2482). The transition to reality is scarcely marked, for Repos is to be found in the protagonist's own home (2483–88). He has shown integrity and the will and discipline necessary to achieve good results. He has been treated kindly and firmly. He has no interaction with other workers. Although allusion has been made to payment (2266–68, 2361–65), he departs without receiving anything.

His return home means a return to the present reality of the poem. After a slightly tense conversation with his wife, in reflective mood, the protagonist retires for the night. He recalls the advice he has been given and which, with God's grace, he will follow, living henceforth with Diligence and Perseverance, in accord with Peinne and Travail, so that he may gain Richesse, or if not, then, with the Virgin Mary's help, attain Souffisance, which he now understands to be 'parfaite Richesse' (2630).

Personification and Abstract Terms

Allegory employs the device of personification to make the moral lesson accessible. Apart from the first-person narrator/actor and his wife, the characters of the poem are abstractions, some of whom have a complex role, participating in the action and conveying the didactic intention of the work. As in the *Roman de la Rose*, speech is the main means of conveying the allegorical meaning, particularly in the form of long monologues. There is visual representation of some allegorical figures (e.g. Pensee, Raison, Barat, and Peinne); others are distinguished by meaningful names and their roles (e.g. Soing and Cure). It is perhaps surprising, however, that few details are provided about significant abstracts (e.g. Diligence and Richesse). On the other hand, Raison and Barat, who articulate the dialectic of the poem, have by far the greatest role. It is here that Jacques Bruyant seems to have come closest to the *Roman de la Rose*, as Långfors signaled.[25] The abstracts

---

[25] Långfors, 'Jacques Bruyant', pp. 58–59.

and personifications will here be briefly described: the Seven Deadly Sins, the facets of Poverty, the major moral voices, the protagonist's helpers, and finally Povreté and Richesse, and the paths of Diligence, Peresse. Souffisance, and Convoitise.

1. *The Seven Deadly Sins*

A host of vices and virtues are mentioned, especially in Raison's enumeration of the Seven Deadly Sins with their constituent parts, or companions, and the opposing virtues (283–792). She envisages that the protagonist will be attacked by the Sins and must fight to overcome them with the help of the Virtues, who will be allies, acting as shields, in return for his prayers (305–34). The Sins are organised, not in a tree with branches, as in *La Somme le Roi*,[26] but in an onslaught on the dreamer, who can defend himself by summoning the corresponding Virtues for a combat modeled on Prudentius's *Psychomachia*. The Seven Deadly Sins, which are a set piece in the literature of this period,[27] are also included in the first section of *Le Mesnagier de Paris* as preparation for confession, the context in which they commonly occur.[28] Each Sin is described with its branches, which vary in number from five to seven. Only those of Avarice correspond closely to Bruyant's constituent parts. The contrary virtues (Humilité, Amitié, Debonnaireté, Misericorde or Charité, Sobrieté, Chasteté), described after the vices,[29] correspond more closely to those of *La Voie de Povreté*, where, in some cases (Orgueil, Envie, Ire), evocation of the role of the virtues is slightly longer than that of the vices. The obvious overlap of the prose text and the poem shows that the author of *Le Mesnagier* neither reflected on the duplication, nor modified the poem.

Orgueil, the first of the Sins, with nine named companion vices will be defeated in battle by Humilité and her nine companion virtues. The sides are not always equal in number. The other Sins — Envie, Ire, Peresse, Avarice, Gourmandise,

---

[26] *La 'Somme le Roi' par Frère Laurent*, ed. by Edith Brayer et Anne-Françoise Leurquin-Labie (Paris: SATF, 2008), pp. 113–72, chaps. 31–39. See also Préambule, pp. 9–11; Introduction, pp. 33, 53–55. Written with the laity in mind, this work is an important source for discussion of the Seven Deadly Sins in the Middle Ages.

[27] E.g. Gervais du Bus, *Le Roman de Fauvel*, ed. by A. Långfors (Paris: F. Didot, 1914–19), vv. 1465–1672; *Le Respit de la Mort par Jean Le Fèvre*, ed. by Geneviève Hasenohr-Esnos (Paris: A. et J. Picard, 1969), vv. 2649–2818; Christine de Pizan, *Epistre Othea*, ed. by G. Parussa (Geneva: Droz, 1999), pp. 226–36, Allégories xvi–xxii. In a confessional prayer to the Virgin Mary, Jacques Bruyant recounted the Seven Deadly Sins in the central strophes (VI–XVII) of the poem (Långfors, 'Jacques Bruyant', pp. 75–80).

[28] *Le Menagier*, ed. Brereton and Ferrier, I, iii, pp. 23–39. The editors note that the branches resemble more closely those of the earlier, anonymous *Miroir du Monde*, to which *La Somme* is related (pp. xxxiv–xxxvii; p. 289, n. 21,9).

[29] Ibid., pp. 39–45.

and Luxure — are in turn described in similar assaults. The Sins of Peresse (475-524), Avarice (525-82), and Luxure (651-792) are most pertinent to the subject of the poem.

2. Facets of Povreté

The first group of personifications consists of eight facets of Poverty, all briefly described (23-223). Besoing and his sisters, Necessité, Souffrette and Disette, the offspring of Povreté and Meseur, assault the protagonist physically and psychologically. They are followed by Pensee, a hideous old woman, slightly reminiscent of la Vielle in the *Roman de la Rose*,[30] who lands on his chest and strikes him with melancholy. Soucy, ugly and repulsive, induces fever. He is verbally tormented by Desconfort, whose dishevelled daughter, Desesperance, vents her anger. As a result of their aggression, the protagonist is a physical and nervous wreck. These vignettes express effectively the terror and suffering Poverty creates.

3. The Major Moral Voices

Raison, Entendement and Barat maintain the central moral discourse. Raison and Barat contest possession of the dreamer, who is forced to choose between them. Entendement, who embodies good sense and understanding, clearly supports Raison.

Like Guillaume de Lorris's Reson,[31] Bruyant's Raison has royal and heavenly parentage, is beautiful and wise, able to impart knowledge and prevent human folly (224-37). In her first monologue (251-1322), she gives a code for living: Christian duty with warning of the Seven Deadly Sins, the choice of paths (Diligence or Peresse), the role of Destiny, a second choice of paths (one leading to Souffisance and the other to Convoitise), Fortune, love and service.

In her second monologue (1689-1929, 1950-58), after the protagonist has listened to Barat and Entendement, she declares her superior power by demanding his submission to her authority, and arguing against the prospects Barat outlined. She expounds the advantages and benefits she can ensure, which include both security in this life and salvation at the Last Judgement. In a peremptory tone, she orders him to swear homage and henceforth to obey her commands (1919-27, 1955-58). Thus she fulfils her plan, as set out at the beginning (256-62). Having by her instruction achieved the dreamer's conversion to her will, she disappears after a parting kiss, but leaving him with an enduring

---

[30] *Le Roman de la Rose*, ed. by Félix Lecoy, 3 vols (Paris: Champion, 1966-1970), I, 4080-82; II, 12540. Further references are to this edition with volume and line numbers.
[31] Ibid., I, 2955-3082.

inner sense of Raison (1972–81), which might be a spiritual influence, for as the daughter of God she could be considered His evangelist.³²

Barat, 'Fraud', who is Raison's immediate opponent, seems to be a well-dressed lawyer, a 'sages hom', and a 'proudons' (1354–64), but his advice, based on dishonesty, deceit and pretence, belies this description, and his name aptly defines his character and conduct. Stressing the hardship of poverty, which trust in Raison will inevitably bring, he proposes flattery, lies, impressive dress, unpaid debts, and boldness as some of the means of becoming rich, esteemed and in command. He thus offers the dreamer the serious temptation of a better life than Raison can promise, if he accepts Barat as 'signour et maistre' (1548). With this proposal, he leaves.³³

Entendement, 'uns homs saiges et plain d'avis' (1327), listens throughout and intervenes twice, before and after Barat's monologue. He supports Raison and warns against Barat. He is not an impartial adjudicator, for he clearly urges commitment to Raison (1567–1678). Lucidly, he disputes Barat's argument (1605–10), alluding to Fortune's mutability and contrasting perceptions of wisdom and folly in rich and poor (1625–62).³⁴ Thus he sways the protagonist in the direction advocated by Raison and makes him solve the quandary of the choice of path.

4. The Helpers

Three sets of personifications help the dreamer. Firstly, Bon Cuer, Bonne Volenté and their son, Talent-de-bien-faire, accompany and guide him, and testify to his integrity. Their names aptly define their character: they are kind-hearted, simple folk, ready to help the protagonist put into effect Raison's teaching. They remain at his side while he works (2356–60). Soing and Cure, husband and wife, are the stern castle gatekeepers, who have to be convinced of the protagonist's capacity to obey and meet all the work requirements. As he leaves the castle, they reiterate Raison's advice (2418–82). These two sets of helpers thus assist both the dreamer and Raison. Peinne, the castellane, is described as she bustles around the workplace, with her skirts tucked up, wearing only a tunic and shift (2225–36).

---

[32] Jean de Meun's Raison discourses at great length to the lover, Ami (*Roman de la Rose*, I, 4191–7200), on love and friendship, Fortune in association with poverty and riches, avarice and covetousness (4753–5340). Ami intervenes, however, from time to time, adumbrating a dialogue. Raison stresses that what is good lies intrinsically within him, not in worldly, material things.

[33] Jean de Meun's Barat is responsible for the prevalence of avarice (*Roman de la Rose*, I, 5125–34) and engendered Faus Semblant, the personification of religious hypocrisy (II, 10419–40).

[34] Cf. *Roman de la Rose*, especially I, 4941–44, reflecting Boethius, *Philosophiae Consolatio*, ed. by L. Bieler, Corpus Christianorum Series Latina, 94 (Turnhout: Brepols, 1957), II, prose 8.

She takes an interest in the new worker, stipulating that he must work hard (2270–83, 2291–2300) to satisfy her husband, Travail, the castellan, on his evening inspection. In fact, Travail appears to be a fair-minded master who recognises the worker's performance and his right to rest and refreshment. Perhaps a little ironically he alludes to the stress his wife causes the workers by her stringent discipline (2396–2400).

5. Povreté and Richesse

Povreté and Richesse present the core antithesis, but remain abstract. After the initial description of the facets of Povreté, she is herself briefly depicted at the end of the left-hand path of Peresse (879–902), personified as a woman who is as little esteemed as an old dog and is a source of all ills (902–07, 923–36). Those who reach her are themselves in a dreadful state and not deserving of pity (1043–53), for it is largely their own fault. They chose the wrong path, the path of Peresse (1054–81), which never leads to a good outcome. Jacques Bruyant thus presents the state of penury as threatening and frightening, but not punitive or a permanent identity. It is not inevitable and can be repelled.

Richesse, on the other hand, the frequently mentioned goal, is evoked as a dwelling at the end of the straight, right-hand path of Diligence. In this place, everyone is gracious (850–78), but the dreamer does not gain even a glimpse; he is brought, however, to understand that true Richesse consists in Souffisance (2627–31), a satisfying medium between the extremes of poverty and wealth, as Jean de Meun's Raison expressed: 'Si ne fet pas richece riche / celui qui en tresor la fiche, / car soffisance seulemant / fet home vivre richemant'.[35]

6. The Paths of Diligence, Peresse, Souffisance and Convoitise

The paths are named according to four determining abstracts: Diligence, Peresse, Souffisance and Convoitise, which have all been mentioned in the account of the Seven Deadly Sins. Despite its importance, the notion of Diligence is not defined in detail. It is the virtue opposing Peresse, along with Apertetey, 'Intelligence', and the virtues, Bon Cuer, Bonne Volenté, Talent-de-bien-faire, Soing and Cure (510–16), which later become active personifications. The path of Diligence is paved with Perseverance. It is repeatedly said to be a beautiful, straight, right-hand path (859–82, 908–14, 1019–29, 1085–92), which leads to Richesse and is much less stressful than the left-hand path of Peresse.

Peresse is firstly defined as one of the Seven Deadly Sins (475–524), with her standard-bearer Fetardie, 'Indolence', and seven other companion vices

---

[35] *Roman de la Rose*, I, 4945–47. See also Faus Semblant's description, II, 11239–56.

(486–89) that easily trap unwary people, striking and wounding furtively. But they are cowardly, and only when they dominate without encountering resistance, do they fight fiercely. Diligence and her companion virtues are constantly necessary to keep them at bay. The left-hand path of Peresse is the alternative to that of Diligence (879–909). Peresse is the only personification given a corresponding learned name, '*Accide*' (891). She provokes anxiety, sadness, and misfortune. Filthy and hideous, her path has a rough, uneven surface. Peresse's companion vices are found there, and it leads, of course, to Povreté. It is the worst choice (914–36). Consequently, those who choose it arrive at journey's end in a dreadful physical and psychological state (1044–48).

At a certain point, the path of Diligence branches into two paths: Souffisance and Convoitise (1100–46). Souffisance, the virtue affirmed in the opening strophe of the poem (8–10), is named with Largesse as an opponent of the sin of Avarice (548). Raison strongly recommends this right-hand branch, which leads to 'perfaite Richesse' (1106). It is virtuous, reliable, and ensures hope and contentment for those who follow this direction (1100–18, 1179–90). In the conclusion of the poem, it is the key moral virtue in which the narrator fully trusts (2627–31).

Convoitise, the standard-bearer of Avarice (532), has already been set in opposition to Souffisance (548–50), before being named its alternative, left-hand path (1100–02). It is a deceptive vice, which incites people to rob others (530–32, 555–58). The path is insidious, for even when it leads to the castle of Richesse, the intense desire for more wealth will not be satisfied. Instead, the desire grows until Fortune eventually intervenes, and causes downfall into Povreté (1119–66).

Themes: Marriage, Work

1. Marriage

Throughout the poem the state of marriage is upheld. The narrator's initial worry stems from his realisation of the economic consequences of marriage and sets off his bad dream, while his wife sleeps peacefully beside him. His role is to persevere and work to gain sufficiency; her practical role is seen to be in the household. She dismisses her husband's account of his dream as fantasy (2569–70), which of course it really is. She reproaches him with madness. His reply to her is silence, and to his audience, a short discourse on the nature of women: they want always to be praised; it is therefore prudent for men to remain silent and to comply with women's wishes, rather than to contradict and displease them, for it is the lesser of two evils (2575–2604). He will accordingly treat his wife reasonably, yielding perhaps to mere whims on her part. It is an odd lesson to extract from the dream allegory, and perhaps was an afterthought on Bruyant's part, or a stock piece borrowed from elsewhere. He has here acknowledged, however, that a wife can have the upper hand and thus be the dominant partner.

The pairing of masculine and feminine allegorical figures has been noted. The inclusion of a child, Talent-de-bien-faire, further endorses the value attributed to marriage and family. The most explicit statement on marriage occurs, however, in the description of the seventh Deadly Sin, Luxure, 'Lust' (651–792). Condemnation of lechery and love outside of marriage here precedes affirmation of marriage for the purpose of begetting children, and not for the purpose of mutual pleasure. The moral didacticism and the narrative action and outcome are in this way tenuously linked.

2. Work

The 'chemin de Diligence' (2033, 2070) leads in fact to the 'chastel de Labour' (2161), which is said to be near the castle of Richesse (2152–54), an intermediate stage, as it were. There are entry conditions. The escort's supporting testimony and the protagonist's willingness to enter ensure admission. He joins 100,000 men and women workers, hammering noisily. No training or instructions are given. What is produced is not specified. They work continuously, day and night by candlelight, with one break for a meagre meal of bread, garlic, and water. Bruyant here amplifies the description by a list of types of meat and wine, to evoke the pleasures of a lifestyle denied the workers (2314–54). At curfew, the castellan, who up to this point had left management of the workplace to his wife, appears, expresses satisfaction, and grants the protagonist respite. It is also stressed that although rest is necessary, it must not be excessive and an early start is required to resume work (2420–26).[36]

At this point, no payment is made, despite Peinne's earlier allusion (2266–68). Payment for work became, however, increasingly important as a means of preventing and relieving penury and of ensuring self-sufficiency. Working conditions, such as the length of the working day and wages, were in Jacques Bruyant's lifetime contentious issues affecting employers and workers. The Church also took an interest in ethical, social and theological aspects of payment for productivity, commerce and wealth. A new work ethos emerged in the thirteenth-fourteenth centuries, as the outcome of productive activity became a recognised part of the economy.[37] In the protagonist's experience, Bruyant envisages fair and harmonious relations between worker and master.

---

[36] Descriptions of workers and work are rare in literature before this time. Two exceptions are the descriptions of women silk-workers in Chrétien de Troyes's romance *Le Chevalier au lion* (*Yvain*, ed. by T. B. W. Reid (Manchester: Manchester U. P., 1952), vv. 5185–5346) and in Jehan Maillart's *Le Roman du comte d'Anjou* (ed. by M. Roques (Geneva: Droz, 1931), vv. 1340–78). Cf. Faus Semblant's affirmation of manual work for a living (*Roman de la Rose*, II, 11277–11302, and the notes, pp. 281–83).
[37] Jacques Le Goff, *Time, Work and Culture in the Middle Ages*, trans. by Arthur Goldhammer (Chicago: University of Chicago Press, 1980), pp. 45–47; Elspeth Whitney, *Paradise Restored. The Mechanical Arts from Antiquity through the Thirteenth Century* (Philadelphia: The American Philosophical Society, 1990), pp. 11–14, 21, 147–49.

Expression and Style

The first-person narrator has little opportunity to speak directly. In the early part of his dream, in direct speech, the protagonist questions himself and laments his predicament (159–69, 183–212). At three points he has a short time to reflect (1324–26, 1556–66, 1680–88), but otherwise he does not react to the didactic monologues until Raison challenges him to reply (1928–29), and he submits to her (1959–69). During his journey and at the castle, his well-disposed helpers engage him in brief conversations: for example, between Bon Cuer and the protagonist (2002–36), in reply to Bonne Volenté and Talent-de-bien-faire (2076–79, 2082–83), to Soing and Cure (2180–90, 2211–15), to Peinne (2285–90), and to Travail (2407–09). The protagonist's longest direct speech is the account of his dream to his wife (2503–62), to which she replies (2565–70). These short dialogues enliven the narration, without delaying progress.

There is little space in the poem for extended descriptions, picturesque details, or striking images. The newly-weds' house is not located. No authorities are quoted; no exempla illustrate the Seven Deadly Sins. A number of aphorisms and common sayings are cited to emphasise or illustrate a point. Some are very well known: 'plus noir que meure' (152);[38] 'De ce que œil ne voit, cuer ne deult' (708);[39] 'De deux maux prendre le moins pire' (2602).[40] Raison's comparison of the dreamer's indecision with a weathervane in the wind (1718)[41] is a somewhat conventional image. Extended expressions are remarkable because they are so few, and all quite brief: 'Et fust ores le Roy de France' (1118);[42] 'de *placebo* jouer' (1416) ['to flatter'];[43] 'd'Adam nés' (1891);[44] 'pain de Corbueil' (2330–31); 'du vin aux chevaulx'(2332) ['water'];[45] 'Povres … comme Job' (2454).[46]

Two passages merit comment. The first is at the end of Raison's first monologue. She presents a trio of animal images to reinforce her instruction on how to serve one's master. Three necessary attributes are listed and their significance explained: 'dos d'asne', 'oreilles de vache', 'groing de pourcel' (1251–1322). The back of a donkey/ass is to bear the load imposed by a master's orders, to perform one's duty well. The ears of a cow are to fear the master, to listen carefully, and, if reproached, not to answer back, and, if one hears him in

---

[38] Hassell, M246; Giuseppe Di Stefano, *Nouveau Dictionnaire Historique des Locutions. Ancien Français — Moyen Français — Renaissance* (Turnhout: Brepols, 2015), II, 1141c MURE.
[39] Hassell, O9; Di Stefano, II, 1202c ŒIL.
[40] Hassell, M57; Di Stefano, II, 1025c MAL.
[41] Di Stefano, I, 342a COCHET.
[42] Cf. Di Stefano, II, 1535b ROI.
[43] Di Stefano, II, 1374c PLACEBO.
[44] Di Stefano, I, 10b ADAM.
[45] Di Stefano, II, 1799b VIN.
[46] Hassell, J19; Di Stefano, I, 897c JOB.

a quarrel, to be silent. The snout is for a pig to accept whatever food and drink might be available, without any objection, to move around everywhere, to spurn nothing. The donkey, or ass, cow and pig are domestic animals, usually considered to be helpful to humans. The donkey and cow are herbivorous, and the pig omnivorous, as here described.[47] These simple and clear expressions seem to be popular locutions of which the dictionaries record only these examples and the bestiaries do not offer further explanation.[48] The three expressions are, however, an individual stylistic characteristic of *La Voie*.

The second passage is the list of the meat, fine foods and wine not available for the workers' consumption, but included for the delectation of the audience: 'Mouton, buef, oye, ne poucin' (2321); 'Mouton, buef, poullaile, et paons, / Pastés, tartes et flaons, / Pain de bouche ...' (2349-51), and regional wines from 'Bourgongne, Gascongne, Angevin, / Beaune, Rochelle, et Saint Poursain' (2352-53).[49] The enumeration serves effectively to contrast the workers' rigorous régime and abstinence with a full diet, including meat and wine, such as wealth can procure.

Versification

The poem is composed in octosyllabic rhyming couplets. Feminine and masculine rhymes do not regularly alternate. The syllabic count is mostly regular, but verses of seven or nine syllables occur sporadically, sometimes determined by whether a final -*e* counts before the following word. Some rhymes are simple and conventional: *honte* : *conte* (1733-34), *fuer* : *cuer* (1745-46). The poet did not avoid repetition of the same word, of homonyms, or of a word and its compound, as in the rhymes: *se tourne* (1717-18), *convenances* (1721-22), *justicier* (1735-36), *prueuve* : *repreuve* (1755-56), nor repetition of identical syllables: *son vent* : *souvent* (1715-16), *endroit* : *en droit* (1739-40), *maintenir* : *main tenir* (1741-42), as these examples from some thirty lines show. It was easy to add or omit a couplet in this open style of composition.

---

[47] Pierre-Olivier Dittmar, 'Le Seigneur des animaux entre *Pecus* et *Bestia*. Les Animalités paradisiaques des années 1300', in *Adam, le premier homme*, ed. by Agostino Paravicini Bagliani, Micrologus Library, 45 (Florence: Sismel, 2012), pp. 219-54 (pp. 240-49). I am grateful to Professor Sarah Kay for this reference.
[48] See the Notes on the Text, p. 109.
[49] Cf. *Roman du comte d'Anjou*, vv. 1144-62; *Roman de Fauvel*, Interpolation du MS *E*, vv. 431-45; *Respit de la Mort*, vv. 134-35. See also Långfors, 'Jacques Bruyant', p. 61; and the Notes on the Text, p. 112.

Linguistic Features

Overall the base manuscript has the general characteristics of fourteenth-fifteenth-century French. The copyist is not always consistent in the spelling of words recurring even on the same page. There is occasional irregularity in some verb endings and agreements. The following features are listed as indicative and for guidance:

1. Vowels

- alternation of the graphies *a* and *e*, especially when followed by a nasal consonant: *voulanté* : *tampté* (967–68),[50] and sometimes affecting the ending of present participles: *vuellent* (738), *besoingnant* : *mengent* (2343–44). This alternation also occurs with the verb endings *–arent* and *–erent* which are rhymed together: *atraperent* : *fraparent* (63–64).[51]
- alternation of the graphies *eu* and *ou*: *folour* : *dolour* (563–64), *doleur* : *foleur* (1831–32); *le leur* : *doleur* (935–36).[52]
- alternation of the diphthongs *ai*, *ei*, *oi*: *paies* : *doies* (1453–54), *hoit* (454) and *heit* (881).[53]
- addition of an unaccented *–e* between the consonant of the radical and the verb endings *–ra*, *–roit*, etc., sometimes to make up the syllable count: *viveroit* (1385), or resulting in a verse of nine syllables: *averont* (1907), *deveroit* (2576).[54]
- elision of final *–e*, but not total.[55]

2. Consonants

- the graphy of final *–g*: *ung* (2).[56]
- the graphy of an initial unetymological *h*: *habandonner* (2374), *heu* (482, 1884).[57]
- fluctuation in the use of *l* and *r*: *coulpe* : *encourpe* (567–68), *merancolie* (930), *paller* (1941).[58]

---

[50] Christiane Marchello-Nizia, *La Langue française aux XIVe et XVe siècles* (Paris: Nathan, 1997), pp. 94–95.
[51] Ibid., pp. 89–91. See also M. K. Pope, *From Latin to Modern French with Especial Consideration of Anglo-Norman* (Manchester: Manchester University Press, 1973), p. 374, §1008 (i). A regional influence is suggested.
[52] Marchello-Nizia, pp. 84–85.
[53] Ibid., pp. 75–80.
[54] Ibid., pp. 278–79. A fourteenth-century northern trait.
[55] Ibid., pp. 73–74, 99–100.
[56] Ibid., p. 115.
[57] Ibid., pp. 110–11.
[58] Pope, p. 156, §§395–97.

INTRODUCTION   21

- fluctuation in the absence or presence of glide consonants in verb forms: *tenra* : *rendra* (1867–68), *vouldroit* (2023), *vorra* (2245).[59]
- weakening of final –*l*, resulting in *qui* for *qu'il*, *qu'ilz* etc.[60]
- alternation of the graphies *s* and *c* affecting particularly *ce*, *se*, *si/sy/cy* and *sëans/cëans*, as well as *s* and *c* in other positions, e.g. *consois* (808), *dessoit* (1018), *sainture* (1083).[61]

3. Morphology and Syntax

- forms of *estre* and *tel* with an initial *i* or *y*: *ierent* (1604), *yert* (36), *ytel* (303).[62]
- epicene adjectives: *grant* (126), *plaisant* (225), *quel* (1427), *tel* (2041).[63]
- fluctuation in the ending of the second person singular imperative or present tense, with or without –*s*: *prens en toy … Pren … Laisse* (846–48), *Eschives … Et pren* (1178–79).[64]
- variation in the use of *qui* and *qu'il* and *que* for *qui*, and use of the gnomic style to generalise, *qui* having the value of *celui qui*, *si on* (118–20, 788, 913–14).[65]
- use of *eulx* instead of a personal or reflexive pronoun: *d'eulx esbatre* (31), *entens a eulx* (300), *a eulx yes sers* (301), *a eulx n'aprens* (307).[66]
- the personal pronoun *tu* as rhyme (468).
- variation in the forms of 1 sg. past indicative of *avoir*: *j'ouy* (20), *j'en euz* (52), *je n'os* (100).

4. Vocabulary

The Glossary contains most terms of which the meaning might be unfamiliar. The List of Proper Names includes the personifications and the few other proper nouns in the text. Most terms belong to common usage. The Notes explain a few problem cases. The *Dictionnaire du Moyen Français (DMF 2012)*, <http://www.atilf.fr/dmf>, ATILF-CNRS & Université de Lorraine, has been extensively consulted.

The lexeme *ramonestant* (2482), an iterative form of *amonestant*, from *amonester*, 'to advise, instruct', as in v. 2420, does not seem to be attested or included in dictionaries. It therefore seems to be a hapax.

---

[59] Marchello-Nizia, p. 279.
[60] Ibid., p. 204. See below, Editing, p. 23.
[61] See below, Editing, pp. 22–23.
[62] Marchello-Nizia, pp. 273–74.
[63] Ibid., pp. 125–32.
[64] Ibid., pp. 265–66.
[65] Ibid., pp. 204–05. See below, p. 23.
[66] Ibid., pp. 240–42.

Editing

The text of the base manuscript has been retained as fully as possible. Rejected readings are provided. Variants from the control manuscripts are listed after the text. Punctuation, separation of words, and the use of initial capitals for abstract nouns are the editor's. Only the base manuscript has rubrics, which are not included in the line numbering. In some long sections, divisions marked in the control manuscripts have been introduced.

For the transcription of the text, the principles set out by M. Roques, then by A. Foulet and M. Speer, and recently revised by P. Bourgain and F. Vielliard[66] have been adopted, especially with regard to accents, the cedilla, the resolution of *i* and *u* in consonant function into *j* and *v*. In the case of the verb *pouoir*, the advice of O. Jodogne has been followed.[67] The manuscript has some instances of uncertainty between readings of *c* and *t*, *u* and *n*, *mn* and *nm*. Abbreviations have been resolved, taking into account forms spelt out in full, and with awareness of the copyist's lack of consistency in spelling. The recommendations of Foulet and Speer guided the addition of dieresis, which is used with restraint. The final *-e* before a word beginning with a vowel may or may not count as a syllable and is not necessarily marked with a dieresis when it does count.

When a verse or couplet from the control manuscripts fills an omission in the text of the base manuscript, the omission is noted in the Rejected Readings. The verse or couplet inserted usually has the spelling of control manuscript *A*, and is not indicated in the list of Variants from the control manuscripts.

Emendation has been kept to a minimum. Some editorial intervention is always necessary for the sake of clarity, but effort has been made to provide a faithful rendering of the text as it stands in the manuscript context.

Two particular characteristics of the base manuscript have, however, prompted some emendations of spelling in order to rationalise and clarify the text for readers. Somewhat erratically, the copyist varied spellings with *c* and *s*, both in initial position and within a word. This caused confusion of the monosyllables *ce* and *se*, *ces* and *ses*, in particular, and also of *cil* and *s'il*, *c'est* and *s'est*. In the following lines amendments have been made from: *ce* to *se* 1167, 1301, 1337, 1555, 2109, 2466; *ces* to *ses* 131, 1540, 1591, 1625; *ce* to *si* 333; *c'est* to *s'est* 1551;

---

[67] M. Roques, 'Etablissement de règles pratiques pour l'édition des anciens textes français et provençaux. Société des anciens textes français. Compte rendu de la séance tenue à Paris les 18 et 19 octobre 1925', *Romania*, 52 (1926), 242–56; A. Foulet and M. Blakely Speer, *On Editing Old French Texts* (Lawrence: Regents Press of Kansas, 1979); P. Bourgain et F. Vielliard, *Conseils pour l'Edition des textes médiévaux, Fascicule III, Textes littéraires* (Paris: Ed. du CTHS, Ecole nationale des chartes, 2002).

[68] O. Jodogne, '*povoir* ou *pouoir*? Le cas phonétique de l'ancien verbe *pouoir*', *Travaux de linguistique et de littérature*, 4.1 (Strasbourg: Klincksieck, 1966), pp. 257–66; Marchello-Nizia, *La Langue*, pp. 277–78.

cil to *s'il* 48, 360, 639, 995, 1191; *se* to *ce* 209, 550, 718, 811, 1092, 1137, 1951, 2466; *se* to *si* 23; *sest* to *c'est* 1054, 2082; *ses* to *ces* 63; *sy* to *cy* 1257; *sëans* to *cëans* 2121, 2149, 2156, 2167.

The second series of emendations results from the difficulty of determining whether *qui* is properly a relative pronoun or whether it stands for *qu'il* or *qu'ilz* (e.g. in a consecutive clause following *si*). It is, however, vexing that occasionally *qu'il* or *qu'ilz* should be *qui*. In the following lines amendments have been made from: *qui* to *qu'il(z)* 114, 132, 464, 491, 578, 591, 625, 681, 710, 712, 881, 1099, 1431, 1665, 2139, 2443; *qu'il(z)* to *qui* 596, 943, 1007; *qui* to *que* 998; *que* to *qui* 1605. Editorial intervention, which has thus reduced the number of small rejected readings, has taken into account the copyist's usage and spelling elsewhere in the manuscript and the lessons of the control manuscripts.

LA VOIE DE POVRETÉ ET DE RICHESSE

LA VOIE DE POVRETÉ ET DE RICHESSE
Critical Edition

C'est le livre de Povreté et de Richesse.

On dit souvent en reprochier
Ung proverbe que j'ay moult chier,
Car veritable est, bien le say,
Que "mettes ung fol a par soy, 4
Il pansera de lui chevir".
Pour moy mesmes le puis plevir.
Toutevoies ay je chevissance
Petitement, mais souffissance, 8
Si com l'Escripture l'adresse,
Est au monde parfaite richesse.

Quant a ores, je m'en tairay,
Et sy aprés vous retrairay 12
Une avision qui m'avint
A dix et huit jours ou a vint
Aprés que je fus mariés,
Que passés furent les foiriés 16
De mes noces et de ma feste
Et qu'il fu temps d'avoir moleste.
Ung soir me couchay en mon lit
Ou j'ouy moult petit de delit, 20
Et ma fame dormoit leiz moy
Qui pas n'estoit en grant esmoy.

Et si m'avint, tout en songant,
Ce dont je m'alay merveillant, 24
Car a moy vinrent, ce me semble,
Ung homme et trois fames ensemble
Qui bien sambloient estre ennuyeux,
Mornes, pensis, et desireux, 28
Desconfortés, tristes, et las.
En ceulx n'ot joie ne solas,
Ny ne leur chailloit d'eulx esbatre. [203rb]

Bien furent d'ung samblant tous quatre, 32
Car mieux estoient a tancier
Tailliés, qu'a feste commencier.

L'omme si ot non Besoing.
Plains yert de tristesse et de soing. 36
L'une fame en verité
Nommee estoit Necessité.
La seconde fame Souffrette
Ot non, et la tierce Disette. 40
Tous quatre estoient suers et freres,
Et Povreté si fu leur mere,
Et les engendra Meseur
En grant tristesse et en grant peur. 44

Istoire de Besoing, Neccessité, Souffraite et Dissette.

Par grant aïr vers moy se vindrent
Et fort a manïer me prindrent,
Sans menacier et sans jangler,
Con s'il me deussent estrangler. 48
Besoing tout premier m'assailly,
Et a moy prandre ne failly;
De ses bras si fort me destraint
Que j'en euz le corps si estraint, 52
Qu'a pou le cuer ne me parti.
Neccessité lors se parti,
Moult engoissouse et plainne d'ire,
Et par le col me print sans rire; 56
De fort estraindre se pena,
La lourdement me demena.
Souffraite et Dissette a costé
Me traïrent de chascun costé: 60
L'une sacha, l'autre bouta,
Chascune a moy se desgrouta.
Ainsy ces quatre m'atraperent,
Et me batirent et fraparent. 64
La me mirent en telle destresse [203ᵛᵃ]
Qu'esempt fus de toute liesse.

---

51 m'estraindy
52 *omitted (see Note)*

Istoire de Penssee.

Adonc se vint a moy errant
Une grant vielle a poil ferrant, 68
Qui estoit hideuse et flestrie
Et moult resembloit bien estrie,
Ayant felonnie en pensee.
On l'apelloit par non Pensee. 72
Ceste vielle me fist moult pis
Que les autres, car sur mon pis
Se mist l'orde vielle puant;
Tout le corps me fist tressuant. 76
L'ame d'elle au dëable soit,
Car tant sur le pis me pesoit
Que mon cuer en estoit mesaise
De grant tristesse et de mesaise. 80
Trop fort me print a margouler.
Lors commensay a voutrouller
Et entray en si fort penser
Que nul ne le pouroit penser 84
Ne bouche raconter ne dire.

Istoire de Soucy.

Si com j'estoie en tel martire,
Que Pensee m'avoit baillié,
Hé, vous, ung villain maltaillié, 88
Lait, froncié, hideux, et boussu,
Rechineux, crasseux, et moussu,
Les yeux chassieux, plains d'ordure.
Moult estoit de laide figure, 92
Tout estoit rougneux et pelés.
Soucy par nom yert appellés.
Se mal m'orent les autres fait,
Encor m'a cestui plus mesfait. 96
Las! Je n'en avoie mestier.
Tant me donna de son mestier
Qu'il me meïst a cel meschief
Que je n'os en membre n'en chief, 100
Que ne me convenist faillir. [203ᵛʰ]

---

71 et p.
98 *omitted*

Trambler me fist et tressaillir,
Paalir et le sanc remuer,
Et de mesaise tressuer, 104
Et me faisoit la char fremir,
Moy dementer, plaindre, et gemir,
D'ung costé sur l'autre tourner.
Briefment tel m'ala atourner 108
Soucy; tant me fut dur et aigre,
Que j'en devins chaitis et maigre,
Et auxi sec comme une boise.
Quant m'en souvient, pas ne m'envoise, 112
Ains suis si blaffart et si fade
Qu'il samble qu'aye esté malade.
Helas, certes, si ay je esté
De trop plus malle enfermeté 116
Que fievre tierce ne quartainne,
Car qui de Soucy a la painne,
En lui a santé maladive
Et maladie saintive. 120
C'est dëable que de Soucy!
Quant m'an souvient, tout me soucy.
En Soucy a trop dure rage
Et merveille est que cil n'enrage 124
Que Soucy tient en son demainne.
Son corps a grant seicheur mainne,
Comme on fait le sayn en la pelle
Qui par force de feu sautelle 128
Et le fait on sechier et frire;
Ainsy fait Soucy gens defrire,
Et les tient si fort en ses las
Qu'il les fait souvent dire "helas", 132
Et les fait vivre en tel doleur
Qu'en eulx n'ont graisse ne couleur.
Soucy est si mal aimable,
Si hideux, si espoventable, 136
Et si abominable a cuer [204ra]
Que ne l'ameroit a nul fuer
Nulz hons qui l'eust essayé.
Soucy a maint cuer esmayé 140

---

117 quarautainne

Et encor tous les jours esmaie.
Nul ne le scet qui ne l'essaie,
Ainssy que j'ay fait malgré moy
En painne, travail, et esmay. 144
Quant je vis celle compaingnie
Qui o moy yert a compaingnie,
C'est assavoir Besoing, Souffraite,
Necessité avec Dissette, 148
Pensee la vielle et Soucy,
La teste levay et toussy.

Istoire de Desconfort.

Adonc vint a moy sans demeure
Ung grant villain, plus noir que meure, 152
Qui avoit a nom Desconfort.
A menacier me print moult fort
Et me fist ma painne doubler.
Lors me print le sanc a troubler, 156
Car tant avoie esté penés
Qu'a pou que n'estoie forcenés.
Moult fort me prins a demanter
Et a moy mesmes tourmenter 160
Et dire: "Chaitis, que feras?
Tes debtes comment les paieras?
Tu n'as riens et si dois assés.
Car fusses ores trespassés! 164
Tu yes tout nouvel menagier
Et sy n'as gaige a engagier,
Se tu ne vuelz ta robe vendre.
Las, chaitis, quel tour pouras prandre? 168
Ne say ou tu pourras aler."

Istoire de Desesperance.

Si con j'estoie en ce penser,
A moy se vint grant aleüre [204rb]
Une fame qui pou seüre 172
Et enragiee sambloit estre.
A son samblant et a son estre,

---

150 leva

Have estoit et eschevelee.
Desesperance yert apellee, 176
Fille Desconfort le hideux.
Moult me vint peinne et anoy d'eulx:
Par eulx perdi discrecion,
Sens, memoire, et entancion. 180
Les dans commensay a estraindre
Et la couleur paalir et taindre,
Et disoie: "Las, que feray?
Tout mettray au desesperey, 184
Mauvais seray, ou que je viengne.
Il ne me chaut qu'il en aviengne.
Soit en pluget, ou soit en bise,
Qui ne poura ploier, s'i brise. 188
N'ay que d'une mort a morir;
Sachiés qui ne poura fleu[r]ir!
Et j'ay piessa oÿ parler:
Qui au dëable veult aler, 192
Riens ne vault longuement attendre;
Noier ne puet cil qui doit pendre.
Honny soit qui jamais voulra
Faire fors au pis qu'il pourra! 196
Quant par moy, ne puet estre ataint
Le manoir ou Richesse maint,
Car elle demeure si lo[i]ng
Que trop de travail et de soing 200
Fault, avant c'on le puist ataindre.
Moult fait les gens paalir et taindre;
Avant qu'ilz puissent estre a lui,
Maint biaux visaige a pali. 204
Ainssy oncques n'en fut de m[i]eulx,
Car se on atant tant c'on soit vieulx
Que l'en ne puisse mais errer,
On se pouroit bien meserrer. 208 [204va]
Qui ce feroit, son temps perdroit
Ne possession n'averoit
Sans prendre de l'autrui avoir.
Je vouldroye donques a tort avoir; 212
Mieulx vault a tort estre bien aise
Qu'a droit chaitis et a mesaise."

---

178 p. a anoy

Ainsy comme en ce point estoie
Et que je tout au pis mettoie 216
Sans viser comment tout aloit,
Et que de riens ne me chailoit
Fors d'acomplir ma voulanté,
Car moult m'avoit entalenté 220
Desesperance de mal faire
Et m'avoit par son put afaire
Pres fait perdre le corps et l'ame.

Hé, vous, une tres noble dame, 224
Gente, droite, plaisant et belle.
Pas ne sambloit estre rebelle,
Mais doulce et humble a toute gent.
Moult ot le corps et bel et gent. 228
Et paree de si noble arroy,
Qu'elle sambloit fille de roy.
Et si est elle en verité,
Du puissant Roy de maïsté, 232
Vers qui nulz n'a comparison.
On l'apelloit par nom Raison;
Moult estoit saige et avisee.
Droit a moy a pris sa visee 236
Et s'en vint delés moy sëoir.
Mais si tost c'om la pot vëoir,
Desesperance, la hideuse,
Elle s'en fuy moult doubteuse, 240
Tant que piés l'em porent porter,
Car ne se pouroit deporter
En nul lieu ou Raison sourviengne,
Que tost fuir ne l'en conviengne, 244
Car plus la heit Raison sans fin [204vb]
Que triacle ne fait venin.
Raison si fut moult esjoÿe,
Quant d'avec moy s'en fu fouÿe 248
Desesperance, sa contraire.
Lors se print pres de moy a traire.

Istoire des ensaingnemens de Raison.

Raison dit: "Amis, Dieu te gart!
Tu as eu mauvais regart, 252
Mauvais sens et mauvais advis,
Car nagaires t'estoit advis
Que pour toy sont tous biens failly;
Mais onques a bien ne failly 256
Qui voulsi[s]t atendre a bien faire
Et vivre selon mon affaire
Et selon mon ansaingnement,
Qui donne aux ames sauvement, 260
Lequel, se tu le vuelz entendre,
Je te vuel ci dire et aprandre.

Premierement tu dois amer
Mon Pere de cuer sans amer, 264
Et la doulce Vierge prisiee
Sans vanité n'ypocrisiee,
Et aourer saintes et sains
En tous temps, malades et sains, 268
C'est a dire en prosperité
Aussy bien qu'en adversité,
Et par contraire en meschëance
Aussy bien comme en habundence. 272
Car tel est humble en tristesse
Qui est despiteux en lïesse
Et tel est doulx en leesse
Qui est despiteux en tristesse. 276
Ce vient de male acoustumance,
C'om a coustume des enfence;
Car qui aprent une coustume,
A grant painne s'en descoutume. 280   [205ra]
Si fait bon telle coustume aprandre
Ou l'en puet honneur et preu prandre.
Donc s'avoir vuelz coustume bonne,
Garde que ton cuer ne se donne 284
A nulz des Sept Mortelz Pechiés
Et que ne soies entechiés
D'aucunes de leurs acoust[um]ances,

---

262 Le te

Car moult s'en vendroit de nuisance[s]. 288
Mais fay tant que ton cuer s'acorde
Aus sept chief[s] de misericorde
Qui sont aus sept vices contraires.
Cestes te seront necessaires 292
A acquerre l'amour mon Pere
Et de Sa glorieuse Mere.

Des sept vices dont parlé t'ay
Declaracion t'en feray, 296
Et des branches qui en descendent
Qui a toy decepvoir entendent.
Es tu en voies ne en sentiers,
Entens a eulx moult voulantiers. 300
Tes maistres sont, a eulx yes sers,
Car nuit et jour de cuer les sers,
En deservant ytel louyer
Ou nulz ne se puet apouier. 304
Ainssy en lor subjeccion
Vivras a ta dampnacion,
S'a eulx n'aprens a estriver
Par guerre et pour les eschiver. 308
Car bien t'aprandray la maniere
De les traire de toy arriere
Et d'avoir franc vouloir sur eulx
Contre les fais aventureux 312
Qui par eulx venir te pouroient,
Quant ilz assaudre te voulroient
Pour clamer dessus toy haussage.
Se me vuelz croire comme sage, 316 [205rb]
Si bien te sauras d'eulx garder
Qu'ilz ne t'oseront resgarder
Pour la doubte des sept vertus
Qui la te seront bons escus 320
Encontre les sept annemis
Qui souvent se sont entremis
De toy mettre a perdicion.
Mais que par bonne entencion 324
Les vueilles sans plus deprier

---

288 se v.
293 Acquerre

Qu'a toy se vueillent aloier;
Et se tu le fais de cuer fin,
Il te mettront ta guerre a fin 328
Sans en prandre aucun paiement,
Fors que ton prier seulement.
Ce n'est pas outrageux louier,
Car il est aisiés a paier; 332
Si ne s'en puet nulz excuser
S'il ne s'en vouloit abuser.

Quant tu verras venir Orgueil,
Regardent en travers de l'ueil, 336
Avec lui Derision,
Desdaing, Despit, Presumpcion,
Suppediter, Fierté, Bobence,
Desprisier, et Oultrecuidance, 340
Et tous ses autres compaingnons
Qui cuers ont pires que gaignons,
Vers toy, baniere desploÿe,
Si prans tantost de ton aÿe 344
Humilité, Devocion,
Franchise, Contemplacion,
Paour de Dieu, Douceur, Pitié,
Justice, Simplesse, Equité, 348
Et moult d'autres qu'o eulx vendront,
Qui pour toy secourre acourront.
Et si vouldra chascun offrir
Mais que tu le vueilles souffrir. 352
Et se contre Orgueil te combas,
Ilz le mettront du tout au bas, [205ᵛᵃ]
Et le feront fuir le cours
Et tous les siens sans nul secours. 356
Quant auras par Humilité
Orgueil et les siens seurmonté,
Garde toy d'illec en avent,
Que s'il te venoit au devant 360
Pour toy tourner de sa partie,
Que ne se soit pas departie
D'avec toy Humilité
Ne les aultres de s'amist[i]é, 364
Car d'Orgueil bien te garderont
Tant comme avec toy seront.

D'ung aultre assault te fault garder,
Qui perilleux est a garder 368
Entre tous ceulx qui sont en vie.
Le chevetain en est Envie
Qui moult est de mauvais couvine.
Avec lui est tousjours Haÿne, 372
Fausseté, Murtre, et Traïson,
Faulx Samblant, et Detraccion,
Annemitié, et Male Bouche
Qui n'aime que mauvais reproche. 376
S'ilz te vuellent assault livrer,
Tantost t'en pouras delivrer,
Mais que de trop pres ne t'aprochent
Si que de leurs dars ne te brochent. 380
Et pour le peril contrester,
T'en queuras tantost, sans arester,
Prier Foy qu'elle te sequeure
Et Loyalté, et eulx en l'eure 384
Sans plus parler te sequerront,
Et ceulx qu'avec eulx amenront,
C'est assavoir Pais et Concorde,
Vraie Amitié, Misericorde, 388
Bonne Voulanté, Verité,
Conscience avec Unité,
Atout leur congregacion,
Dont pas je ne fais mencion. 392
Ceulx si feront Envie fouire, [205vb]
Si qu'elle ne te pourra nuire.

D'un aultre assault qui moult fait craindre
Te refault bien garder sans faindre. 396
C'est d'Ire, le mauvais tirant,
Qui va tousjours en empirant,
En toute mauvaistié habonde;
C'est le plus fel qui soit en monde. 400
Et quant assalir te venra,
Fort deffencë y convenra,
Car il est si desmesurés
Que nul ne puet a lui durer. 404

---

376 n'aimmement

Et tuit ceulx de sa compaingnie,
Quant o lui sont a compaingnie,
Sont de sa mauvaise maniere.
Cruaulté porte sa baniere; 408
Perversité, Forcenerie,
Felonnie et Esragerie,
Desverie, et autres felons
Lui vont tousjours pres des talons. 412
Quant ceste gent verras venir,
Gar toy que ne te puist tenir
Nulz d'eulx qui ne t'aient aresté.
Tiens toy vers Debonnaireté 416
Qui tost bon conseil te donra
Et contre Ire te secourra,
Avec ceulx de son lignage
Qui moult sont de souef courage: 420
Si dois avoir Doulceur, Souffrance,
Estableté et Attrempence,
Pacience et Discrecion,
Refrainte avec Coreccion. 424
Ceulx cy et ceulx de leur baniere
Trairont Ire de toy arriere,
Et toute sa gent forcenee
Qu'avec luy aura amenee. 428
Ainsis seras d'Ire delivre,
Se Debonnaireté vuelz sivre,
Qui est franche, courtoise, et doulce;
C'est celle qui nul temps ne grouce 432 [206ra]
De riens qui lui puist advenir.
Bon la fait avec soy tenir
Et fuyre Ire, le mal tirant,
Qui de pou se va aÿrant. 436
Ire doit on craindre et doubter
Et hors d'avec soy bouter
Et le tenir pour ennemy
Sans desconter jour ne demy. 440
C'est bien mauvais anemis que Ire,
Car si tost comme ung cuer s'aÿre,
De Felonnie si s'enflemne

---

406 Q. o lui sont a lui a c.
435 Et fuy Ire

Qu'il en puet perdre et corps et ame. 444
Quant en Ire se desmesure
Et se de soy ne s'amesure,
Ma suer, Mesures, en lui se met
Et de la doubter s'entremet. 448
Elle est de telle condicion
Que qui en soy correccion
Ne met amesureement,
Elle s'i met sy lourdement 452
Qu'elle honny tout a .i. cop;
Car vraiement elle hoit trop
Ceulx ou il faut qu'elle se mette,
Et pour ce tout au brouet gette, 456
Sans y querre terme ne respit,
Si tost que l'en lui fait despit.
Gart dont qu'a toy ne se courouce.
Aiez en toy maniere doulce, 460
Soies courtois et debonnaire,
Comme uns hons attrait de bon aire.
Nulz ne se devroit cour[ou]cier
De riens qu'il voie, ne groncier, 464
Mais faire tousjours bonne chiere
Et mettre tous courrous arriere.
Laisse le vice et pren vertu;
Ainssi te pouras sauver tu. 468
Eschive courous et tristesse
Et prens en toy joie et leesse, [206rb]
Voire par bonne entencion
Non pas par dissolucion, 472
Car joie qui est dissolue
N'est pas a l'ame de value.

Contre bien aultre assaut perilleux
Te faut moult estre artilleux 476
Affin que tu seurprins ne soies
En ton hostel n'enmy les voies,
Car c'est ung assaut moult doutable,
Moult damageux et decevable, 480
Car plusseurs en sont deceu

---

452 sy sourdement
468 te *omitted*

Ains qu'avis aient de ce heu.
De cest assaut est chief Perresse,
Qui sans menacier fiert et blesse, 484
En dommage et en couardie.
S'ansaingne porte Fetardie;
Faintisse, Oiseuse, Lacheté,
Negligence avec Nisseté, 488
Nonchailloir avec Cuer Failly
Vont aprés. Moult est malbailly
Celui qu'ilz peuellent atraper
Et dessoubz leur trappe antraper, 492
Ja soit ce qu'ilz ne soient hardis,
Mais lasches et refetardis,
Mués, cois, simples, et matte chiere.
Mais couars est de telle maniere 496
Que quant il se voit au dessus,
Il est a trop mauvais dessus.
Le cuer a fier comme lion
Et aspre comme champion. 500
Lors fiert et frape et bat et tue,
Quant il voit c'on ne se remue
Encontre luy pour soy vengier.
Donc fait il soy bon eslongier 504
De Perresse et de sa famille,
Qui n'est qu'en son dessus soubtille. [206va]
Et les doit on mettre au dessoubz
Si que estre ne puissent ressoubz. 508
Et se au dessoubz mettre les vuelz,
Admainne avec toy contre eulx:
Diligence et Apertetey,
Bon Cuer et Bonne Voulenté, 512
Talent-de-bien-faire avec Cure,
Et Soing qui voulantiers procure
Contre Peresse avoir victoire,
S'ainsi est c'on le vuelle croire. 516
Se ceulx cy avec toy retiens
Et du cuer a amour les tiens,
Garde n'auras, n'en doubte mie,
De Peresse, leur ennemie, 520

---

486 Pesardie (?)
516 le *omitted*

Ne de tous ceulx de sa baniere,
Mais se trairont de toy arriere,
Car l'assaut n'osent entreprendre
Fors a qui tantost se vuelt rendre. 524

Aprés gar toy du quint assaut,
Car si soutilement assaut
Cil qui en est droit capitainne
Qu'a ses subgés donne grant peinne 528
Quant il les tient en son service.
Ce capitainne est Avarice
Qui moult est de decepvant guise.
S'ensaingne porte Convoitise. 532
Rapine, Usure, et Faulx Traityét
Le sivent tousjours piét a piét,
Malice avec Concherie,
Murtre, Larecin, Roberie, 536
Enguignement, Decepcion,
Fraude avec Cavilicion,
Et les autres de leur baniere.
Quant tu verras ceste gent fiere 540
Qui te vouront assaut livrer,
Se tu t'en vuelz tost delivrer,
Fay de Charitey connestable,
Qui tant est piteux et traitable, 544
O toute sa connestablie [206ᵛᵇ]
Qu'avec luy est establie,
Qui selon Dieu prise Richesse.
C'est Soufisance avec Largesse, 548
Aumosne faite en cuer devott,
Ce que Dieu plus au monde vot.
Se ceste connestablie as
Avec toy, acompliras 552
Ceste bataille a ton vouloir
Contre Avarice et son pouoir.
Avarice est de put affaire;
Mais maulx a machiné a faire 556
Par le consoil de Convoitise,
Qui les gens a tolir atise.

---

531 de *omitted*

Si te gard donques de riens prendre
De l'autruy, se ne le vuelz rendre 560
Par quelque voie que ce soit,
Car Convoitise gens dessoit
De jour en jour par leur folour
Dont aucuns muerent a dolour. 564
Et par ce Nature blasmee
En est souvent et diffamee
Sans cause, qu'elle n'y a coulpe.
Si fait pechié qui l'en encourpe, 568
Car elle en est plus dolente,
Et plus en sueffre de tourmente.
Dont qui de bien faire n'a cure,
Il ne lui vient pas de Nature, 572
Ainsois li vient par accident.
Chascun le voit tout evident.
S'aucun en soy a mauvais vice
Qui porter li puist prejud[i]ce, 576
S'on dit que Nature li face
Par force qu'il soit enclins ad ce,
Les gens ne le doivent pas croire,
Car ce n'est mie chose voire, 580
Ains est par la malle doctrine
Dont Norriture l'endoctrine.

Du .vi^e. assaut bien te gardes! [207ra]
Contre cestui fault bonnes gardes. 584
Gloutenie en est conduiseur
Qui de tous biens est averiseux,
Car enclin est en tous delices
Et engendre tous mauvais vices. 588
Nulz temps ne puet estre assovis,
Mais tousjours semble estre alouvis,
Et si est il plus qu'il ne pert.
Gloutenie maint en apert 592
Qui est sur toutes riens mauvaise,
Car sans oultraige n'iert ja aise.
Gloutenie est soutil guerrier,
Qui assaut devant et derier 596

---

569 en elle est
583 bien *omitted.*

Et si part en deux sa bataille
Toutefois, avant qu'il assaille.
Gourmendie l'une en conduit.
Avec lui sont en son conduit 600
Friendise, Lopinerie,
Yvresse, Oultraige, Lescherie,
Et plusseurs autres de leur sorte
Que Gloutenie en soy enhorte. 604
Ceste bataille ainssy partie,
Livre assault de l'autre partie,
Et si donne assés a entendre
A ceulx qui la vuellent attendre. 608
L'autre bataille est Malle Bouche
Qui n'aimme que mauvais reproche,
Mesdit, Surdit, Maugrëerie,
Hastiveté, Pautonnerie, 612
Et des autres a grant planté,
Qui sont de ceste voulenté.
Ceste bataille se tient fort
Et livre assaut a grant effort 616
De l'autre costé pour seurprendre,
Si que l'en ne se puist deffendre.
Gloutenie point et rapoint [207rb]
De l'un a l'autre, et leur enjoint 620
Que sy se tiengnent sans retraire,
Que partout aient la victoire.
Or fault, se tu te veulz garder
Des deux assaus, bien regarder 624
De tous costés ad ce qu'il fault
Pour contrester a leur assault.
Si t'assaillent, mes toy a deffence,
Et prens avec toy Abstinance, 628
Et Sobrieté, sa compaingne,
Avec ceulx de leur enseingne,
Car s'avec toy as ces deux,
Assés te venra avec eulx 632
Et te garderont bien sans faille
Pour contrester a la bataille.

---

599 G. livre en
612 Pitonnerie
630 Avec eulx

Sur toutes riens gart toy d'Ivresse
Que la bataille a toy n'adresse, 636
Car cilz qu'a Yvresse se livre
N'a pouoir de longuement vivre;
Et s'il vit, si est ce a meschief,
Car il n'a membre ne chief 640
Que par Yvresse ne lui dueille.
Les mains li tremblent come fuille,
Et s'en chiet plus tost en viellesse,
En maladie et en flesvesse. 644
Qui s'enyvre, se desnourit,
Car tout le foie se pourrit.
Ainssy est de soy homicide,
Dont c'est grant douleur et grant hide. 648

Du .vii[e]. assault, dont Luxure
Est capitainne, par nature,
Te fault garder et mettre arriere
Si qu'elle et ceulx de sa baniere 652
En leur chemin pas ne te truissent,
Par quoy suppediter te puissent.
Se Fol Regart, ce fort archier,
Trairoit a toy pour toy percier, 656 [207[va]]
Soies sages et te retray!
Vistement hors du trait te tray,
Et quant hors seras de leur[s] metes,
Garde toy bien que ne te mettes 660
En la voie de Souvenir
Si pres qu'a toy puist advenir.
Car s'avec lui t'avoit atrait,
Il te mettroit tout droit au trait, 664
Si que la flesche de Pensee
Te seroit tost ou corps entree,
Et celle de Folle Plaissance,
Qui ne tendroit qu'a decevance, 668
Te mettroit, tout a son plaisir,
Ou trait du guerrot de Desir,
Qui si fort au cuer te ferroit
Que mire ne t'en guerriroit. 672

---

655 De fol
665 Si quelle f.

La languiroies a tel peinne
Que n'auroies ne cuer ne vainne
Qui voulsi[s]t atendre a rien faire
Qu'a maintenir le sot afaire   676
Qui de Folle Amour se despent
Dont chascun enfin se repent.
La t'auroit si suppedité
Folle Amour par fragilité   680
Qu'il te fauroit pour vaincus rendre.
Mais se tu te veulz bien deffendre
Contre les archiers amoureux,
Ja ne seras soubzprins par eulx.   684
Prens la targe de Casteté
Et la lance de Fermeté!
La targe met devant tes yeux,
Tu ne te pues deffendre mieulx.   688
Grant mestier as qu'elle te gart
Encontre les trais de Regart.
Se tu te pues bien garder
Contre Follement Regarder,   692
Ja Folle Cogitacion
Ne t'ara en subjeccion.
Et quant ces deux ne te ferront,   [207vb]
Ja les autres ne te verront.   696
Ainsi ces deux puellent tout faire
Et ainsi puellent tout deffaire.
Regart si est trop par[c]ent chose:
Toute plaisance y est enclose,   700
Et aussi est tout le contraire.
Si soutilment scet il traire,
Car tous ceulx que Regart ataint,
Soit pour bien, ou pour mal taint,   704
Souvent leur fait muer colour,
Soit ou pour joie ou pour dolour.
Pour ce est voir ce que on dire seult:
'De ce que œil ne voit, cuer ne deult'.   708

Or sont aucuns qui se vourroient
Excuser qu'ilz ne se pourroient

---

675 a bien f.
680 par sa f.

Du fort trait de Regar garder,
Et qu'il leur convient regarder 712
Li ung l'autre, quant sont ensemble
Com Sainte Ecglise les assemble
Selon l'ordre de mariage.
A cel excusant respondrai ge 716
Briefment, sans prolongacion.
Ce n'est mie mon entencion
De deffendre a nul Bon Regart,
Mais que de Fol Regart se gart 720
Qui les folz fait ymaginer
Et par Fol Cuidier deviner,
Dont est nee Folle Plaissance,
Qui convoitoit du corps l'aissance; 724
Et de ce vient Ardent Desir
Qui art tout, s'i[l] n'a son plaisir;
Lors fait tant qu'a son gré advient.
Et tout ce de Fol Regart vient. 728
Ce n'est pas Regart convenable
Quant a Dieu, mais quant au dëable.
Regart fait pour charnel delit [208ra]
Au dëable moult abellit, 732
Et autant desplait il a Dieu,
S'il n'est fait en temps et en lieu.
Ceulx qui en mariage sont,
Qui tousjours leurs corages ont 736
A delit charnel maintenir,
Vuellent s'i soir et main tenir,
Peschent ensemble sans doubtance,
Par le jeu de Folle Plaissance 740
Qui souvent les tient en ses las.
Mais ne le cuident pas, les las,
Car a vertu tiennent ce vice
Dont il font que folz et que nice. 744
Conjoins ne deveroient ja voir
L'un avec l'autre affaire avoir

---

714 les *omitted*
720 fort r.
728 ce *omitted*
734 fais
740 Car le j.

Par charnelle conjoncion,
Se n'estoit en entencion 748
De lignïe multiplier.
Pour ce les fait on marier,
Si que par le gré de Nature
Facent ensemble engenreüre, 752
Quant tamps en est et point et lieux.
Et tout ainsi l'ordonna Dieux,
Non mie pour soy deliter,
A l'un avec l'autre habiter. 756
Folz est qui l'un avec l'autre habite
Sans l'antencion dessus ditte,
Car quant Nature en tel gent œuvre
Selon les estas de son œuvre, 760
Sans moy ne Mesure appeller,
Et que son fait nous fait celler,
Afin qu'Atrempence n'y viengne
Qui en subjeccion la tiengne, 764
Icelle copulacion
Faite sans generacion
Et sans droite necessité,
Par fraile superfluité, 768 [208rb]
Est pichié mortel, nul n'en doubte,
Qui par Fol Desir les y boute
Pour acomplir leur volanté
Charnelle, dont ilz sont tanté 772
Oultre Nature. Et tousjours encline,
Nul temps qu'elle puist, n'y decline;
Aqueurt tousjours de rendonnee.
Fole, fraile, et habondonnee, 776
Ne se sceit pour grief espargnier,
Tant com riens ait en son grenier.
Ainssi de soy s'ocist Nature,
Se ne la gouverne Mesure, 780
Ma suer, qui tant est bien riulee
Qu'elle en nul temps n'est desriullee,
Ains fait faire tout si a point
Que en elle d'excés n'a point. 784
Croy donc Mesure en tous ces fais,

---

753 en *omitted*

Et tu n'y seras ja mesfais
En nulz cas, je t'en asseür,
Car qui la croit vit asseür. 788
Si lairay du .viie. assault,
Si m'aïst Dieux et me sault,
Et revenray a ma matiere
Que j'ay entrepris[e] premiere. 792

Soies tous temps vrais en ta foy,
Aimme ton prosme comme toy.
Dieu, mon Pere, le vuelt ainsy.
Et fais a chascun tout ainsy 796
Comme qu'il te feïst voudroies.
Et se tu vas parmi les voies,
Soies enclin a saluer;
Et si ne doies nul temps ruer 800
De ta bouche malle parole.
Sages e[s]t cilz qui pau parole
Et qui aimme et desire pais.
Oy tousjours et voy et te tais; 804
Et se tu yes en compaingnie,
Parlent de sens ou de folie, [208va]
Parle au plus tart que tu pouras
Et consois ce que tu auras, 808
Si que tu en saches parler,
Quant on t'en voulra demander,
Et que ce soit par brief langage.
Ainsy seras tenus pour sage, 812
Et ne le fuisses ores mies.
La fault jouer de l'escremie
Assés mieux qu'au jeu du boucler,
Car on apparsoit tost moult cler 816
Qui vuelt a parler a[n]treprendre,
S'il ne se garde de mesprendre
Ou cler sens ou clere folie.
Et pour ce clerement folie 820
Cilz qui de tost parler se haste.

---

787 nulz car
796 fait
798 tu vis
804 Et tousjours

Que parler ne doit avoir haste,
Ains se doit trois fois adviser,
Avant qu'il doie deviser, 824
La chose dont il vuelt parler
Et a quel fin il puet aler,
Et ce qui en puet advenir.
Ainsy n'en puet nul mal venir. 828
Soies courtois et aimables
Envers tous et humiliables.
Par toy soient grans et menus
Tous temps amés et chers tenus. 832
Syeu les bons et fuy les mauvais,
Aimme tout temps doulceur et pais,
Et se tu oies tensons ne noises,
Garde toy bien que n'y voises, 836
Car nulz ne se puet avencier
D'amer noise ne de tencier.

Amis, se tu vuelz advenir
Au manoir de Richesse et venir, 840
Dont je t'ay si fort oÿ plaindre
Que nulz hons ne le puet attaindre,
Se n'est par peinne et par dolour,
Laissies ester ceste folour 844 [208ᵛᵇ]
Et celle cogitacion
Et prens en toy discrecion.
Pren de deux voies la milleur.
Laisse le bran et pran la fleur; 848
Qui est a chois, le mieux doit prandre.
Et se tu vuelz la voie aprandre
Que tu dis que tu ne ses pas
Pour ce qu'il y a mal trespas, 852
Si comme tu dis, a passer,
Par quoy on s'i puet trop lasser,
C'est au biau manoir de Richesse,
Je t'en aprandray bien l'adresse 856
Qui te saura bien convoier
Sans toy tuerdre ne fourvoier.

---

835 oioies
844 ceste dolour

Pren le chemin droit a main destre
Et laisse celui a senestre, 860
Car le destre toute gent mainne
Droit a Richesse, a son demainne,
Mais c'on ne se traye hors de voie.
En celuy nulz ne se fourvoie, 864
Ainsois va tout a sa devise.
Or est drois que je vous devise
Comment cilz chemins est nommés
Qui tant est biaux et renommés 868
Et qui fait ceulx qui y vont, estre
Tous temps entre gracieux estre.
Cil chemin a nom Diligence,
Pavés est de Parseverance. 872
S'en ce chemin te vuelz tenir,
Tu pues a Richesse venir
Et le chemin tost achever
Asiement sans toy grever, 876
Et avec Richesse manoir
En son tres gracieuz manoir.
Car qui n'y va, ne tient qu'a luy,
Quant le cuer a si achally, 880
Qu'il heit le biau destre chemin
Pour estre a l'ort senestre enclin.
Qui a senestre vuelt aler
Meschëant est au paraler. 884 [209ra]
N'il n'en puet eschaper ne tuerdre,
Ains lui convient ceste hart tuerdre
En peinne, en meschief, en engoisse.
Cilz chemins moult de gens engoisse 888
Et les fait vivre en grant tristesse.
Laye gent l'apellent Peresse
Et li clers l'appellent *Accide*.
On n'y treuve confort n'aÿde, 892
Ne conseil, espoir, ne chevance,
Fors peinne, ennui, et meschëance.

---

859 a mainain d.
869 ceulx qui le vuelt e.
878 *omitted*
880 le cuer as
886 A. le c.

C'est ung chemin moult destravé,
Plains de bouillons et tous cavé, 896
N'il ne fera ja si bon temps
Qu'il puist tost errer qui est ens.
La le treuvent en Couardie
Les bouillons de Fetardie, 900
D'Ignorance et de Nisseté.
C'est le chemin de Povreté,
Une dame qui n'est prisiee
En ce monde, n'auctorisee 904
Ne qu'un viel chien en verité.
De luy vient toute adversité:
Meschief, peinne, ennuy, et contraire.
Arriere se fait donc bon traire 908
Du chemin qui a lui adresse,
Et prandre la plaissant adresse
Du biau chemin de Deligence.
Et chascun puet veoir en scïence, 912
Qui est a chois et puet eslire,
Il ne doit pas prandre le pire.
Et si le prant et puis s'en vuelt
Repentir, quant il ne le puet 916
Recouvrer, c'est trop grant folour.
Car qui bien laisse et prant folour
Et se fourvoie en escïent,
Ne puet chaloir s'il en mesvient. 920
Et quant un ceur est fourvoiez,
N'est pas de legier ravoiez.
S'il est en chemin de Peresse,
Il tourne le cul a Richesse 924 [209rb]
Et va a Povreté tout droit,
Dont je t'ay parlé cy endroit,
Qui fait trop mal gens atourner.
Et quant il cuide retourner, 928
Qu'il s'apparsoit de sa folie,
Lors entre en merancolie
Qui moult le troveille et le peinne

---

896 tous travé
908 A. le fait du bon t.
910 Et prant
921-22 *omitted*

En pensee, en soucy, en peinne, 932
En desconfort, en desespoir,
Dont il devient laron espoir,
Et tolt et amble aus gens le leur,
Dont en la fin muert a doleur. 936

Or aucuns sont qui vuellent dire
Que Destinee ad ce le tire
Et le fait ensement aler.
Folie font d'ainsi parler 940
Car il ne scevent que il dient.
Et les maleureux s'i fient,
Qui dient souvent et menu,
Quant meschief leur est advenu, 944
Qu'ainsy leur devoit advenir.
Et le vuellent pour vray tenir
Et prennent par leur meschëance,
Par ce parler, glorifience, 948
Et s'excusent de leur mesfait,
Disant qu'il n'est mie fait
Par leur gré, mais par Destinee
Qu'au naistre leur fu destinee. 952
Cilz qui le croient se dessoivent,
Ne croient pas si come ilz doivent,
Car a nelluy n'est destiné
Qu'il soit pendus ne traïnné, 956
Ne qu'il meure de mort villainne,
S'il ne mest au deservir peinne.
Meschief contrester chascun puet,
Mais qu'il entrer a bien vuet. 960
N'il n'est pas de necessité
Qu'a nul advienne adversité, [209va]
Mais advient par cas d'aventure,
Quant folement on s'aventure. 964
Destinee ne puet contraindre
Nul tant qu'il ne puist refraindre,
Mais qu'il ait bonne voulanté.
Et s'il est a la fois tampté 968

---

955 destinee
956 s. ne p. trainnee
966 tant *omitted*

D'aler faire aucune aatie,
S'avec luy suy, je le chatie,
Et lui oste celle pensee
Qu'en son cuer li estoit entree, 972
Et li donne advis et memoire
De contrester, s'il me vuet croire,
A mauvaise temptacion,
Dont il vient a salvacion. 976
Ainsi puet voir clerement
Que Destinee nullement
N'a nul pouoir de chose faire
Que je ne puisse tout deffaire, 980
Au moins s'elle ne m'est celee
Sy qu'au fait ne soye appellee;
Car nul fait qui soit sans moy fait
Ne puet venir a bon effait, 984
Mais communement en meschiet;
Et par ce meschief il eschiet
Que Destinee y prant le non
D'estre vertus de grant renon, 988
Car plussieurs dient et soustiennent
Que bien et mal par elle viennent
Et que nulz contrester ne puet
Ad ce que Destinee vuelt. 992
Mais tous ceulx en sont deceus
Qui ont ceste creance heus,
Car s'il estoit a Dieu vouloir
Que Destinee heust pouoir 996
Dessus les gens, si comme on dit,
Que vauroit ne bon fait ne bon dit
Ne soy en bonnes œuvres traire? [209vb]
Nulz n'auroit mestier de bien faire 1000
Quant bien ne le secourroit,
Ainssois villainnement morroit,
Et s'ensuiroit, quoy que nul die,

---

970 je te c.
977 A. pour v.
980 ne omitted
986 meschiet
990 Car
993 c. qui sont

Que s'uns homs a mal s'estudie 1004
Et emble, et tue, et fiert, et bat,
Quant il n'y puet mettre debat
Pour Destinee qui l'enforce
A tous maulx faire par sa force, 1008
Que monstrés ne doit estre au doit,
Puis qu'il ne fait fors ce qu'il doit.
Et Dieux mesmes qui scet tout
N'en doit avoir vers lui courous, 1012
Puis que ce n'a il mies fait;
Mais Destinee tout defait.
Certes mais il est aultrement.
Et quiconques maintient, il ment, 1016
Que Destinee vertu soit;
Et qui le croit, il se dessoit.

Fay doncques ce que je t'ay apris,
Se tu vuelz advenir a pris. 1020
Laisse le mal et pren le bien,
Quant avoir le pues aussi bien
Et plus legierement assés,
Car on est cent fois mains lassés 1024
Ou biau chemin dessus nommé
Que Diligence t'ay nommé,
Qui toutes gens a honneur mainne.
Et cent fois y a moins de peinne 1028
Qu'au hideux chemin de Peresse,
Plain de dolour et de tri[s]tesse,
Ou nulz ne pourroit estre aise,
Ne faire chose qui lui plaise, 1032
N'estre en estat ne bien nourry,
Car le chemin est si pourry
Que on y entre jusques au ventre. [210ra]
Maleureux est cil qui y entre. 1036
C'est bien chemin ou nul ne court,
Mais sans faille il est assés court,
Tout soit il ort et desrivé,

1010 fors *omitted*
1025 nommés
1026 t'a nommés
1036 est qui
1039 destrivé

Car on est tantost arivé 1040
Sans y querir aultre adresse,
Droit au manoir ou il s'adresse;
C'est assavoir chiés Povreté,
Ou l'en vient tout desbareté, 1044
Nudz, deschaus, et de froit tramb[l]ant,
Et de tres dolereux samblant,
Le corps courbés et acrampeli,
Affin c'on ait pitié de lui. 1048
Mais a tel gent en verité
Doit on avoir pou de pité,
Quant il sont en si bas degré,
Puis qu'ilz s'i mettent tuit de gré 1052
En si dolereuse aventure.
Se mesaise aient, c'est droiture.
Se tu crois donc mon consoil
Que je pour ton preu te consoil, 1056
Cest ort chemin hideux lairas
Ne jamais jour ne t'i verras.
Remembre toy des meschëans
Que tu yes tous les jours vëans, 1060
Qui sy maleureux deviennent
Quant en cestui chemin se tiennent.
Biau chatiement met en lui
Qui se chastie par autrui. 1064
S'uns hons entre en bien mauvais pas,
De gré, ou qu'il ne le sache pas,
Si come assés souvent eschiet,
Et en ce mau pas ly meschiet, 1068
Celui d'aprés qui le regarde
Ne le suit pas, ainsois se garde
D'aler aprés, qu'il ne se blesse.
Et s'en va querre une autre adresse 1072 [210rb]
Qu'a droit port le fait arriver.
Tout aussy dois tu eschiver
Tout temps le chemin et la voie
Que tu sces et vois, qui avoye 1076
Toute gent a chetiveté,
A angoisse et a povreté,

1057 ort] hoirs
1078 et p.

Et que chascun jour pues veoir
Qui ne piuellent nul bien avoir, 1080
N'en ce chemin bien n'eurent onques.
Esch[i]ve le eraument donques,
Et mets les pens a la sainture,
Et si t'an cours grant aleüre, 1084
Et a main destre pren t'adresse
Au biau chemin qui tost adresse
Tous ceulx quy y vont, et agence
En tout honneur. C'est Diligence, 1088
Le biau chemin plain de noblesse.
Nulz n'y puet avoir fors leesse
Par la planté de bien[s] qui viennent
A tous ceulx qui ce chemin tiennent. 1092
Il est long mervilleusement,
Mais il n'ennuye nullement
A ceulx qui vuellent advenir
Au manoir de Richesse et venir, 1096
Ainsois errent et jour et nuit,
Sans ce que goute lor anuit.
Cascun desire qu'il se voye
En chemin tout droit. En la voie 1100
A deux sentes, dont l'une a destre
S'en va droit, et l'autre a senestre.

De la destre te vueil parler:
Par celle fait il bon aler, 1104
Car tant est vertueuse adresse
Qu'elle mainne a perfaite Richesse. [210va]
C'est Souffisance la seüre
Qui ceulx qui la croient asseüre 1108
Et les fait vivre en bon espoir
Sans panser a nul des[es]poir,
Car tout ce qu'ilz ont leur souffit,
Soit a dommaige ou a proffit, 1112
Dieu le veult, sans estre lassés,
Aussy tost du pou con d'assés.

1082 len
1097 et n. et j.
1101 l'uns a drestre
1111 tout *omitted*

Cilz sont riches parfaitement,
Ne nul n'est riches autrement, 1116
S'il ne va parmi Souffisance,
Et fust ores le Roy de France.
De l'autre sente te diray
La verité, n'en mentiray. 1120
Elle va a senestre partie,
Mais c'est bien chose mipartie
Envers celle qui va a destre,
Car nulz n'y puet asseürs estre. 1124
Celle sente a nom Convoitise
Qui les cuers enflamne et atise
D'estre convoiteux sur avoir.
Qui plus y a, plus vuelt avoir, 1128
Toujours de plus en plus convoite;
D'aler avent si fort les coite.
Et quant ilz viennent ou chastel
De Richesse, qui tant est bel, 1132
Advis leur est que riens fait n'ont,
S'ancor plus avant ne vont.
D'aler oultre est leur entente,
Tant comme leur durera celle sente, 1136
A quelque peinne que ce soit.
Mais certes elle les desoit;
Mal en virent onques l'entree!
Car quant persone y est entree, 1140
Ne se puet d'avoir saouler,
Ains voulroit bien tout engouler. [210vb]
Ne se dangnent la arester,
Mais vont tousjours sans contrester 1144
Querre milleur pain que de froment,
Dont puis se repentent forment,
Car quant bien hault se sont juchiés,
A ung seul cop sont tresbuchiés 1148
De Fortune, qui ne voit goute,
Qui de sa röee si les boute,

1122 bien *omitted*
1131 Il vient
1139 l'e.] ventree
1142 bien *omitted*
1148 A ung seul col tresbuchiés sont (*see Note*)

Si qu'en la boue les fait cheoir,
Que les puet chascun veoir.
Quant cilz se voient deceus
Et du hault en bas venus
Ou Fortune les a flatis,
Lors ont les cuers si amatis 1156
Et si vains que du tout leur faillent,
Et ne scevent quel par[t] il aillent,
Tant sont honteux et esbaïs
Et se tiennent pour folz neÿs; 1160
Chaitis, las, courbés, sans leesse,
Entrent en chemin de P[e]resse
Et se vont droit a Povreté,
Desconfit et desbareté, 1164
Ne ja puis jour ne seront aise,
Ainsois languiront a mesaise.
Et en tel estat se morront
Ou par aventure pouront 1168
Faire aucun vilain malefice
Dont il seront mis a justice.
Don[que]s pues tu veoir et entendre
Que il fait mauvais entreprandre 1172
Sente qui est si perilleuse,
Si fourvoient, si fortuneuse,
Comme est celle de Convoitise,
Car nulz n'y a s'atente mise 1176 [211ra]
Qui en la fin ne s'en repente.
Eschives donques celle sente,
Et pren celle de Souffisance,
Et tu auras tousjours chevance 1180
Et assés tant que tu vivras.
Assés as tu quant ton vivre as
Entre les gens honnestement,
Et as souffisant vestement 1184
Et a l'avenant le seurplus.
Folz es se tu demendes plus.
Puis que tu l'as par loyalté,
Tu as plus que une roialté 1188
Sans Souffisance ne vauroit,
Se tu gardes bien a droit.

1166 languiroit
1173 si *omitted*

Et s'il avient que servir doies,
Je te deffens que tu ne soies 1192
Envers ton maistre courageux,
Orguilleux, fel, ne oultrageux;
Tousjours lui fay obeïssance
Et encline a sa plaissance 1196
En tous estas sans rebeller,
Et ne te dois nul temps meller
D'arguer ne de contredire
Choses que tu li oies dire. 1200
S'il parle a toy, si lui respons
Doucement, sans vilain respons,
Sans rebechier et sans groucier.
Craindre le dois a cour[ou]cier 1204
Et si ne dois en nul temps faire
Chose qui li doie desplaire
Pour ensengnement que tu truisses
Au moins puis qu'amender le puisses. 1208
Tu le dois amer de vray cuer
Sans lui estre faulx a nul fuer.
Et se tu l'aimmes, tu feras [211rb]
Son vouloir et le doubteras 1212
En tous estas, j'en suis certainne.
Car Amours est si souverainne
Que toutes vertus lui enclinent
Et de lui obeïr ne finent. 1216
C'est moult puissant vertus qu'Amour.
Mes la donc en toy sans demour,
Car qui aimme de cuer, il craint.
Bonne Amour ad ce le contraint, 1220
Qui le met en obeïssance
Par sa vertueuse puissance
Et le tient en subjeccion;
Sans user de decepcion, 1224
L'a fait craindre a luy obeïr;
Tu le pues clerement veïr.
Mais s'aucun craint, ne s'ensuit mie
Qu'il ait en lui d'amour demie. 1228
Amour n'obeïst pas a crainte

1215 encline
1216 fine
1222 Par v.

Ne nellui n'aimme par contrainte,
Car on craint bien ce que on het.
Que ce soit voir, chascun le scet, 1232
Mais qui bien aimme, craint et doubte;
De ce ne doit nulz avoir doubte.

Aimme donc ton maistre et le sers
Loialment, et s'amour desers; 1236
Et quant ton bien apercevera,
Vers toy fera ce qu'il devra;
Ja ne sauras cy estre advers.
Et se tu le sers au travers 1240
Sans luy amer et chier tenir,
Nulz biens ne t'en pouront venir,
Ains perdras avec luy ton temps
Et si auras avec luy contemps, 1244
Ou vilment congié te donra,
Et si diffamer te pourra
En plusseurs lieux par aventure [211ᵛᵃ]
Que neluy n'aura de toy cure. 1248
Ainssy en tous estas perdroies,
Se par amour ne le servoies.
Quiconques sert, il doit amer
Son maistre de cuer sans amer, 1252
Et si de loial cuer servir
Que s'amour puisse deservir.

Prendre dois trois condicions
De trois significacions 1256
Que briefment cy te nommeray
Et puis si les exposeray:

Premiers, dos d'asne doit avoir,
Se bien vuelt faire son devoir; 1260

1234 doit avoir
1235 sert
1236 desert
1239 est
1258 puis les

Secondement, comment qu'il voit,
Oreilles de vaches avoir doit;

Et tiercement, doit avoir groing
De pourcel sans nesun desdaing. 1264

Ces trois condicions estranges,
Se tu sers, pas de toy n'estranges,
Mais mes tousjours peinne et estude
D'avoir les par similitude, 1268
Quant sauras l'exposicion
De leur significacion
Que je te vueil dire et aprandre:
Par dos d'asne tu pues entendre 1272
Qu'avoir dois le fait et la charge
De ce que ton maistre te charge
Et que de toutes les besoingnes,
Sans faire oubliance, tu soingnes; 1276
Tu en dois la some pourter
Pour mieux ton maistre deporter.
Et pour bien faire ton debvoir
Li dois souvent ramentevoir 1280
Et avoir cher sur toute rien,
Le sien proffit come le tien.

Aprés par oreilles de vaches [211vb]
Pues tu entendre sans fallaches 1284
Que tu dois ton maistre doubter,
Et si te laidenge, escouter,
Sens ce que contre ly t'orgueilles.
Faire li dois grandes oreilles, 1288
Et faire semblent toutesvoies
Que tu n'oies adonc ne ne voies.
Quant le verras de tancier chault,
Tay toy tout coy et ne t'en chault; 1292
N'a tort, n'a droit, ne respon point,
Tant comme il soit au tel point,
Car trop s'en pouroit engaingnier.

1264 nes bien
1281 Et d'avoir soir t. r.

Aultre chose ne puet gangnier 1296
Servant qui respont a son maistre,
Soit chevalier, bourgois, ou prestre,
Qui se tait et point ne rebelle.
C'est une vertu bonne et belle. 1300
Ceste cy, se tu me vuelz croire,
Auras tu tousjours en memoire.

Par groing de pourcel voirement
Pues tu entendre clerement 1304
Qu'en toy ne doit avoir dongier
Ne de boire ne de mangier,
De grans disgners ne de petis.
Tout dois prendre par apetis 1308
Et en bon gré, se tu yes sage,
Sans mener despit ne haussage,
Orguiel, rempones, ne desdaing;
Et fay tout aussy com le groing 1312
De pourcel, qui partout se boute,
Tout prant en gré, riens ne doubte,
Ainsois se vit de ce qu'il treuve,
Liement sans faire repreuve. 1316
Tout treuve bon et savoureux,
De nulle riens n'est dongereux. [212ra]
Par samblable nom dois tu estre
Quant tu yes en l'ostel ton maistre. 1320
Ains te doit tout plaire et souffire
Sans riens refuser ne despire."

Atant se tut Raison la saige.
Lors couvry un pau mon visage 1324
Et pour mieux penser m'acousté.
Donc s'en vint delés mon costé
Uns homs saiges et plain d'avis,
Ainsy comme il me fu advis, 1328
Et il en est bien renommés,
Entendement estoit nommés.

1318 De meelle r. (?)
1321 tout *omitted*
1324 c. bien pau
1327 Uns saiges

Istoire d'Entendement.

"Biaus amis, dit il, or entens.
Se tu vuelz emploier ton temps 1332
A faire ce que Raison dit,
Tu feras que sages, a mon dit.
Elle t'a cy moult sermonné,
Moult bon exemple t'a donné. 1336
Se tu l'as sceu retenir,
Tu en pues a grant bien venir
Selon Dieu et selon le monde.
Crois la et, (j'otroy c'om me tonde), 1340
Que ce qu'elle t'a dit, entent;
Se jamais nul jour t'en repent
Et tu l'aparcevras a l'ueil.
Quant a ores, plus dire ne vueil, 1344
Car on doit mettre son entent
Autant a ung mot comme a cent."
Quant j'eus aprés assés pensé,
Repensé et contrepansé, 1348
Ad ce que Raison aprins m'ot
Et bien resgardé mot a mot
Par le conseil d'Entendement
Et que j'estoie en grant dement 1352 [212rb]
De tout en mon cuer retenir,
Hé vous, ung homme a moy venir
Qui bien sambloit estre advocas,
Qui parler sceust en tous cas. 1356
Moult sambloit estre sages hom
Selon droit et selon raison.
Coiffe et abit fourrés avoit
Et richement se deportoit. 1360
Preudons sambloit et sans riot.
Clerc et vallet avec lui ot.
Le maistres fu Barat nommés,
De ce ne fut pas mesnommés. 1364
Son clerc avoit non Tricherie
Et son vallet Hoquelerie.

1337 tu l'a sceu

Istoire de Barat, Tricherie, et Hoquelerie.

Barat s'est delés moy assis
Et commensa par mots rassis 1368
A parler atrempeement,
Ainssy come par chastiement:
"Auras tu huy assés pensé?
Dy, chaitis, qu'as tu enpensé? 1372
Vuelz tu croyre Raison la folle
Qui ceulx qui la croient afolle?
Se tu la crois, chaitis seras,
Tant com de son sans useras. 1376
Nulz ne puet a estat venir
Qui se vuelt a Raison tenir,
Mais a grant painne se chevit
Et tousjours en souffraite vit, 1380
Car tousjours il est en doubtance
Sans avoir nulle cheviss[anc]e,
Quant au cuer a tant de dolour.
Je le tenray a grant folour 1384 [212va]
Qui selon Raison viveroit.
Jamais riches ne se verroit,
Ains seroit tousjours en ung point
Et sans ce qu'il se haussast point. 1388
Tousjours seroit come povre et chiche,
Dolant, subget, et serf au riche,
Dont souvent seroit ledengié;
Ainssy viveroit en grant meschié. 1392
Qui a le cuer pur, net et monde,
Povres est, n'a loy en ce monde,
Ne ne puest venir a estat.
Met donques Raison en restat 1396
Et me crois, si feras que sage.
Car se user vues de mon usage,
Tu seras tantost sushauciés,
Riches, puissans, et essauciés, 1400
Servis et honnorés seras,
Et tout a ton plaisir feras.

1374 la *omitted*
1393 c. povre
1402 tout ton

Tu ne feras que commander,
Chascun venra a ton mander. 1404
Tout temps vivras en tel conroy,
Con se tu fusses duc ou roy,
Car tous auras tes aisemens,
Se tu fais mes enseingnemens 1408
Que je te vueil dire et aprendre.
Moult bon exemple cy pouras prendre.

Flateur seras premierement,
Car c'est le droit commencement 1412
Par quoy on puet a bien venir
Et a grant estat advenir;
S'avenir y vuelz sans deffault
De *placebo* jouer te fault. 1416
Soies en tous lieus decevant
Ou tu seras, et par devant
A toutes gens fay biau semblant,
Si leur iras le cuer crevant. 1420 [212ᵛᵇ]
Et faing que tu soies leaulx,
Vray en cuer et especiaulx;
Acquier des amis, saulf le tien,
Garde par devers toy le tien. 1424
Ne soies pas larges, mais chiches,
Ainssy seras tu tantost riches.
Quel compaingnie que tu truisses,
La ne despans riens que tu puisses. 1428
Aies le cuer bault et te truffe,
Tes compaingnons deçois et truffe,
Quant tu verras qu'il sera [a] point,
Et mes peinne a le faire a point. 1432
Par ce seras tu bien venus
En compaingnie et chier tenus.
Aprés ne te doit anuier
De voulantiers gens conchier 1436
En tous estas, et mettre en voie
Que tu aies de leur monnoie,
Ou soit a droit, ou soit a tort,
Ou par contrainte, ou par acort. 1440

1429 te *omitted*
1430 Tes c. decoit

Et se bien me vuelz apaisier,
Acroy partout sens riens paier.
Et voulantiers partout mesconte,
Ne ja du pichié ne fay compte. 1444
Ceulx qui te doivent, fay contraindre;
De les mengier, ne te dois faindre,
Et les mener a povreté,
Sans avoir d'eulx nulle pité. 1448
Ne te chaut si perdent chevance
Mais que tu aies leur sub[s]tance.
Soies tousjours prest de prandre
Mais garde toy bien de riens rendre. 1452
Je te deffens que tu ne paies
Jamais chose que tu doies.
Et s'aucun te faisoit semondre
A qui il te faulsist respondre, 1456 [213ra]
Ou soit a bel, ou soit a let,
Moy, mon clerc, et mon vallet
Tous ensemble t'irons aidier
Ou cas qu'il te faulra plaidier. 1460
Et se tu nous crois, tu materas
Tous ceulx a qui tu plaideras,
Sans fallir en nuille saison,
Soit a tort ou maugré raison; 1464
Tousjours a ton besoing venrons
Et bien pres de toy nous tenrons.
Si te ferons tout achever
Tes causes et en hault lever, 1468
Ton estat habonder et croistre
Tant que bien te pouras acroistre.

Aprés te vueil encor aprandre
Trois choses qu'il te fault a[m]prandre 1472
Se tu vuelz tost monter en pris
Et si sont d'assés moien pris.
La premiere est que tu te vestes
De bonnes robes et d'onnestes, 1476
Fourees a leur advenant.
Ainsy en seras tu plus gent,
Plus honorés et mieux prisiés,

1469 abendonner et acroistre

Et entre gens auctorisiés 1480
Et tenus plus sage de tous,
Et fusses ore folz et estous.
La seconde chose est mentir
Soutivement, sans alantir, 1484
Par biaux mos polis, plains de lobe,
Et siet bien sur la bonne robe.
Par ce pouras tu faire acroire
Que mensonge soit chose voire, 1488
Et que verité soit mensonge,
Ne c'on y croie ne qu'en songe. [213rb]
La tierce chose est vraiement
Que tu fasses hardiement 1492
Quant que tu auras enpensé
En fait, en dit, et en pensé.
Tu dois hardiement ouvrer,
Se grant avoir vuelz recouvrer, 1496
Car cilz qui hardiement n'euvre
Et est honteux, riens ne recueu[v]re,
Mais est povre et las en ce monde.
Et li hardis tousjours habonde 1500
Puis que biau langage a a main,
Partout et au soir et au main.
Ces trois derrïens poins retiens
Et principaulment les retiens, 1504
Et t'auras tousjours chevance,
Combien que tout soit decevance,
Car nulz ne puet chevance avoir
S'il ne mest peinne a decevoir, 1508
Et s'il n'est bien mallicieux,
Viseux, cauteux, et engigneux,
Semblant d'estre courtois et doulx,
Et ou cuer faulx, rudes, et estoux. 1512
Et que tousjours rie sa bouche
Combien qu'au cuer point ne li touche,
Car combien que biau semblant moustre
Le ris ne doit point passer oultre 1516
Le neu de la gorge a nul fuer.
Des dens doit rire et non du cuer.
Il doit estre blaffart tousdis

1518 dois

Et en tous fais et en tous dis. 1520
Les puissans doit aplanier
Par simples mots, et festier,
Et leur pourter grant reverence,
Car on puet moult acquester en ce. 1524 [213^(va)]
Des povres ne puet il chaloir
Qu'ilz ne puellent a riens valoir.
Ceulx fait il bon bouter ariere
Sans eulx faire samblant ne chiere 1528
Et du tout en tout soy retraire,
Car on ne puet d'eulx denier traire.

Or m'as tu oï raconter
Comment on puet a pris monter. 1532
Se tu crois mon ensaingnement,
Riches seras parfaitement
Et auras tout a ton vouloir,
Tout ce que tu sauras vouloir. 1536
Et se tu vuelz croire Raison,
Tu seras en toute saison
Chaitis, mendiens, povres, et las,
Car si te tenra en ses las 1540
Que monter plus hault ne pouras.
Or fay lequel que tu vorras
Et y pense tout a loisir.
Quant a chois yes, tu pues choisir. 1544
Se tu vuelz estre povres hom,
Si me laisse et croy Raison.
Et se tu vuelz riches homs estre,
Si me tieng pour signour et maistre, 1548
Tant com tu vivras, et me croy,
Et de Raison acroire retray."

Ad ce mot s'est Barat teu,
Car assés m'ot ramenteu 1552
Ses affaire[s] et sa doctrine
Et enseingnié tout son couvine.
Atant de moy se departi.
Lors pensay moult au geu parti 1556

1521 dois
1531 oïr
1550 Et R.

Que Raison et Barat fait m'orent
Et enchargié tant comme ilz porent.
Mais le gieu si parti avoie
Que lequel croire ne savoie: 1560   [213vb]
Ou Raison qu'ot a moy parlé,
Ou Barat le bien emparlé.
Mais bien croy qu'au darain creüsse
Barat, s'autre consoil n'eüsse,   1564
Car si bien m'avoit flajolé
Que tout sus m'avoit affollé.

Istoire d'Entendement.

Lors vint a moy Entendement
Pour moy donner enseingnement   1568
Auquel des deux je me donnasse
Et cuer et corps habendonnasse.
"Folz, dit il, yes tu rasotté,
Que ce que Raison t'a noté   1572
Vuelz laissier pour estre tricheres,
Faulx, et mauvais, et deceverres,
Et croire Barat, le lobeur,
Qui pires est que desraubeur?   1576
Bien yes folz et outrecuidiés
Et de sen naturel voidiés.
Et bien pert que tu ne vois goute,
Qui vuelz mettre t'entente toute   1580
A toy envers Barat plessier
Pour Raison la sage laissier.
Car onques nulz ne la laissa
Ne vers Barat ne se plaissa,   1584
A qui n'en mescheït aprés
Sens faille a long ou a pres.
De ton temps veoir l'as peu
Que maint grant maistre deceu   1588
En ont esté et mis a honte,
Pour ce qu'ilz ne tenoient compte
De Raison ne de ses fais ensuire,
Mais se penoient de la fuire,   1592

1577 B. ielz f.
1584 sa p.

Et anichilloient droiture [214ra]
Contre Dieu, Raison, et Mesure.
Et combien qu'avecques eulx fusse,
Ja d'eulx audience n'eusse 1596
A desdire leur volenté.
Tant yerent esprins et tenté
Par cuidier, le fol ni seür,
Qu'estre cuidoient asseür. 1600
Et tousjours Barat seurmontoient
Pour ce que par lui hault montoient
Et amassoient les tresors
Qui ierent tres vilz et tres ors. 1604
Car de ce qui par Barat vient
En la fin nulz bien n'en advient.
Il n'est pas bon logicien.
Belle entree a et biau moien, 1608
Mais tousjours fait conclusion
A honte et a confusion.
Car tout quanque Barat aüne
En .xx. ans, anientit Fortune 1612
En une seule heure de jour,
Ne nulz n'y puet mettre sejour.
Ainsy ne puet Barat durer,
Car ne le pouroit endurer 1616
Droit, qui tout adresse et aligne
Et qui ne fait riens fors a ligne,
Mais est enclin en son afaire
A tout ce que Raison vuelt faire. 1620

Croy donques Raison, et la sers.
Car vraiement tu seras sers
D'une mauvaise servitude,
Se tu mes en Barat t'estude. 1624
Plusseurs par ses las sont passés,
Plus sages que tu n'yes d'assés,
A qui mal en est advenu.
Tu le vois souvent et menu. 1628 [214rb]

1616 pouroient
1626 n'yes assés

Plus sages que tu ne es? Je ment.
Par le mien meïsmes escient.
Plus sages voir ne sont il mie,
Car en eulx n'a sens ne demie, 1632
Combien qu'ilz en aient le non
Par grant abit et par renon.
Car telz est sages qui est folz
En ce monde, bien dire l'oz, 1636
Et tel est folz qui y est sage.
Ce voit on bien par commun usage,
Car selon le dit de ce monde,
Li homs qui de richesse habonde 1640
Et a assés or et argent
Plus sage est tenu de la gent
Et est prisiés en tous paÿs
Combien qu'il soit ung folz naÿs. 1644
Dont est il fol et sage ensemble
Par ce que j'ay dit, ce me semble:
Voire sage pour son avoir
Et fol naÿs pour pau savoir. 1648
Et li povres, par opposite
De l'euxemplaire que j'ay ditte,
Tout soit sage a grant devise,
Nulz ne l'aimme, honneure, ne prise, 1652
Ains le tient on pour fol et nice,
Et est tenus son sens pour vice.
Et quant il dit sage parole,
Si la tiennent les gens pour fole, 1656
Ne de riens ne puet avoir los.
Dont est il sages, et s'est folz:
Folz pour ce qu'il est povres homs,
Sage pour ce qu'il a en luy raison, 1660
Et sens en soy pour lui retraire
De mal faire et a bien atraire.
Or vois tu bien que je te preuve
Tout clerement par une preuve 1664 [214va]
Qu'il n'y a fors que verité
En ceste contrarieté

1629-30 *omitted*
1644 folz (*struck out*) sol n. (*see Note*)
1653 la t.

Que je t'ay cy voulu espondre,
Que nul n'y sauroit que respondre 1668
Pour le contraire soustenir,
S'il se vuelt a Raison tenir.
Soies sages et me croy donques,
Tu ne feïs si bon sens oncques. 1672
Croy Raison et a li te tiens
Et ses enseingnemens retiens
Et tu en venras a grant bien.
Tu le verras ains .x. ans bien, 1676
Faillir n'y pues par nulle voie,
Se par Barat ne te desvoie."

Atent se tut Entendement.
Lors commensay parfondement 1680
A penser a la verité
Que devant m'avoit recité.
Adonc aparceu je de voir
Que voir me dit sans decepvoir 1684
Entendement, li sages homs,
Que trop mieux vault croire Raison
Que Barat, se m'y assenti,
Qu'onques nulz ne s'en repanti. 1688

Istoire de Raison.

Lors vint Raison bien asseuree,
Blanche, vermeille, et coulouree,
Faisant grant joie et bonne chiere,
Con celle qui n'a riens tant chiere 1692
En ce monde, comme personne
Qui de bon ceur a lui se donne.
"Amis, Dieu te gart, dit Raison,
Or est il bien temps et saison 1696
Que tu faces ma volanté,
Quant je t'en voy entalenté.
Tout maintenant jurer te fault
Que par toy n'y aura deffault, 1700 [214vb]
Et que de cuer me serviras
Ne contre mon vouloir n'iras
Jamais, quoy que Barat te die,
Ne nulz de ceulx de sa maisgnie 1704

Par leur biau parler decevable.
Aies le cuer ferme et estable
A mes œuvres continuer
Sans ton courage point muer 1708
En pensee, en fait, n'en dit,
Comme autrefois je le t'ay dit,
Et monstrey pour prandre chastoy,
Quant je fus cy parler a toy. 1712
Mais si tost que je me tourné,
Par Barat fuz tantost tourné
Et par la force de son vent,
Tout aussy que on voit souvent, 1716
Que quel part que li vent se tourne,
Le cochet du clochier se tourne.
Pren doncques en toy fermeté,
Vertu, force, et estableté, 1720
A bien tenir les convenances
Que je vueil que me convenances
Pour avoir de toy fëaulté:
Que tu ne tenras que lëaulté 1724
Et que tous mes commens tenras
En quelque lieu que tu seras.
Et sache bien que mon servise
Est au monde droite franchise. 1728
Qui me sert, puet partout aler,
Et devant toutes gens parler
Baudement sans baissier la chiere
Et sans traire le cul ariere. 1732
Paour ne doit avoir ne honte
Devant pape, roy, duc, ne conte,
Ne devant aultre justicier
Ordonné pour gent justicier, 1736
Non voir devant homme qui vive,
Car mon sergent a nul n'estrive [215ra]
Ne sa pensee en nul endroit
Ne vouldroit mettre, fors en droit 1740
Et en verité maintenir,
Et si vuelt soir et main tenir.
Pour ce vueil je que tu deviengnes

1710 je t'ay dit
1736 *omitted*

Mon sergent, et qu'a moy te tiengnes 1744
Sens t'an departir a nul fuer,
Et especialment ton cuer.
Et je aussy en ton cuer seray
Ne ja ne m'en departiray 1748
Jusques a la mort, ne t'en doubtes,
Se malgré moy hors ne m'en boutes.
Se tu m'aimmes, bien te suiray,
Et se non, je te fuiray. 1752
Se tu n'as l'entendement trouble,
Tu vois que mon sailaire double.
Que ce soit voirs, je le te prueuve;
Par preuve on n'a point de repreuve. 1756

En moy servant, premierement,
Pues partout aler seurement
Sans nulz doubter fors Dieu, mon Pere.
Qui ce ne croit, il le compere. 1760
Aprés, quant tu trespasseras
De ceste vie, tu seras
Avec mon Pere en Sa gloire.
Ceste sentence e[s]t toute voire 1764
Et la vivras tu finement,
Sans jamais avoir finement,
Car tu dois crëance avoir ferme
Que quant personne vient au terme 1768
Qu'elle en ce monde doit morir,
Adont commance elle a florir
Et prant commancement de vie,
Tout aussy tost qu'elle devie, 1772
Car elle ist de vie muable
Et entre en vie pardurable. [215rb]
Dont pues tu veoir clerement,
S'en toy a point de sentement, 1776
Que mon louyer se double bien
Quant on en reçoit double bien,
C'est assavoir honneur perfait
Au monde, par œuvre et par fait, 1780
Et paradis en la parfin

1763 en g.
1781 en la fin

Qui tousjours durera sans fin.
N'il n'est nulz autres biens sans faille,
Qui le menre de ces deux vaille. 1784
Or te garde donc de les perdre,
Et te vueille du tout aerdre
A mes œuvres, si bien ensivre
Que tu les aies a delivre. 1788

Et laisses Barat et ses œuvres,
Car, saches bien, se tu en œuvres
Et en son service remains,
Tu perderas le plus pour le mains. 1792
Car ces deux biens dessus nommés,
Qui tant sont biaux et renommés,
Par son service auras perdus,
Et tu mesmes seras perdus 1796
Corporeilment, par aventure,
A grant angoisse et a laidure.
Tolir te puet, bien dire l'os,
Se tu le sers, corps, ame, et los, 1800
Qui sont trois tres souverains biens,
Et si ne te puet donner riens
Fors plaisance d'acquerre avoir
Sans point de conscience avoir, 1804
Car tousjours son servant atise
D'avoir sur autrui convoitise,
Et quant son servant a assés
Avoirs et tresors amassés 1808
Et il cuide vivre aseür,
Lors lui vient aucun meseür   [215ᵛᵃ]
Qui tout met ce dessus dessoubz;
Par nul n'en puet estre resoubz, 1812
Ne nul de son meschief ne pleure,
Mais chascun de fait li querut seure
Et tel, espoir, ne le vit oncques
Qui en dit moult de mal adonques 1816
Et en a le cuer esjoÿ
Pour le mal qu'il en a oÿ,
Et n'en fait fors chanter et rire

1791 son services

Et souvent par remposnes dire: 1820
Trop estoit riches devenus;
Tout est dou dëable venus
Et au dëable s'en ira.
Tout ainsi chascun s'en rira 1824
Ne n'aura nul de lui pitié,
Mais sera vilment despitié
Et de Dieu et du monde ensemble.
Dont pues tu veoir, ce me semble, 1828
Que Barat fait mauvais servir,
Puis que l'en n'en puet deservir
Fors que honte, angoisse, et doleur;
Et qui le sert, il fait foleur. 1832
Met le doncques en nonchaloir,
Et m'aimme, qui te puis valoir
En tous cas vers Dieu et le monde,
Et aies le cuer et pur et monde. 1836
Aies en toy humilité,
Loiauté, foy, et verité.
Et se humble yes de contenance,
Garde qu'il n'y ait decevance; 1840
De cuer le soies et de fait,
Car tel humble et loial se fait
Devant les gens, qui ne l'est mie,
Ne n'a d'umilité demie, 1844
Mais sa chiere humble et encline
Fait acroire a ceulx qu'il encline, [215vb]
Qu'il est preudons par son samblant.
Ainsy leur va leur cuer amblant 1848
Par sa simple papelardie
Qui est plainne de regnardie
Et de faulceté, car soubz l'ombre
De la simplesse ou il s'aümbre, 1852
Dessoit tous ceulx qui le resgardent
Car du faulx semblant ne se gardent.
Si aveuglés les a sans doubte
Que nelluy de lui ne se doubte, 1856
Mais jureroit chascun fermement

1849 Par simple
1853 la resgarde
1854 ne se garde

Qu'il est proudons parfaitement,
Combien qu'en fausseté habonde.
Tout ainsy deçoit il le monde, 1860
Mais Dieu ne puet il decevoir.
Cellui en scet bien tout le voir
Car il voit tout a descouvert
Le mal qu'en son cuer a couvert. 1864
Ja si ne le saura repondre.
Devant lui l'en faulra respondre,
Quant il son jugement tenra,
Que sentence a chascun rendra 1868
Par rigueur selon le fourfait
Qu'il aura au monde forfait.
Ou milieu du trosne sera,
Ses plaies a tous monst[r]era, 1872
Les clos, la coronne, et la lence.
Lors sera chascun en balence.
La n'aura roy n'emperëour
Qui n'ait en son cuer grant paour. 1876
La tenra on aussy grant compte
D'ung savetier comme d'un conte,
Et de ceulx qui vestent les rois [216ra]
Comme de prelas et de rois, 1880
Mais que loyaulx aient esté,
Prenant en gré leur povreté,
En la sente de Souffisance,
Et qu'il aient heu crëance 1884
En Dieu, telle qu'il appartient.
Et comme la crëance tient,
La ne pourra nul pour avoir
Vers mon pere sa pais avoir, 1888
Qu'il n'ait ce qu'aura deservi
Selon ce qu'il aura servi.
Tuit cil qui seront d'Adam nés
Auront paour d'estre dempnés, 1892
Ja si justes ne sauront estre.
Mais Dieu fera aler a destre
Mes gens qu'il cognoistra bien,

1890 Selon qu'aura deservi
1891 Tuit qui

Qui auront entendu a bien 1896
Au monde, et selon moy vescu.
La leur serai ge bon escu,
Car Dieu tous les beneÿra.
Ainsy mes gens departira 1900
D'avec les gens Barat, sans doubte,
Qui seront tous en une route
Dolens, a senestre partie.
La yert la chose bien mipartie, 1904
Car mes gens qu'a destre seront
Tous ensemble joie feront
Et averont parfaite leesse,
Exemps de duel et de tristesse. 1908
Et les gens Barat, d'autre part,
Dont mon Pere aura fait depart
D'avec les miens, par leur folour,
Grans pleurs, grans cris, et grant dolour 1912
Adont tous ensemble menront, [216rb]
Quant ilz condampnés se verront
Et tournés a perdicion
Sans esperer redempcion. 1916

Or ne te fay pas donc haissier
De moy p[r]enre et Barat laissier.
Rens toy a moy tout en ceste heure
Sans querir terme ne demeure. 1920
Fay moy tost hommage mains jointes
Et selon mes œuvres t'apointes,
Si com je t'ay devant retrait,
Et parceveres sans retrait, 1924
Car qui au jour d'uy bien feroit
Et demain ne parceveroit,
Tout ce ne vaulroit ung festu."

Lors me dist: "Respons! Que fais tu? 1928
Il me semble que tu n'ois goute."
"Dame, dis je, je vous escoute,
Car tant me plaist a vous oïr
Que tout me faites resjoïr 1932
Des grans biens que vous m'aprenés.
Et pour ce a tort me repranés
Car vous m'avés dit et apris

La Voie de Povreté et de Richesse

Que qui vuelt avenir a pris, 1936
Il doit oïr bien et entendre,
Ains qu'il doie responce rendre,
Et qu'a parler si a point prengne
Et par avis que ne mespraingne; 1940
Et que de paller ne se haste,
Car nul si n'en doit avoir haste,
Qu'avant n'i ayt trois fois advis.
Et pour ce, Dame, il m'est advis, 1944
— Et je vous ay laissié parler
Sans vous rompre vostre parler —
Que je n'ay fait cy nulment [216va]
Fors selon vostre ensaingnement 1948
Auquel faire je suis tenus."
"C'est voirs. Tu l'as bien retenu,
Ce dit Raison, et a cuer mis.
Si en seras a honneur mis, 1952
S'ainsy le vuelz continuer
Sans ton courage remuer.
Puis qu'estre vuelz de mes complices,
Garde bien que tu acomplices 1956
Mes commandemens sans retraire,
Que tu m'as oÿ cy retraire."
Je respondis: "Voulantiers, Dame.
Tout suis vostre de corps et d'ame, 1960
En vous ay mis tout mon courage.
Tenés, et je vous fas hommage
Et me rens jointes mains a vous,
Comme le vostre, a nuz genoulz. 1964
Et si vous ay en convenant
Que bien vous tenray convenant
En tous les lieux ou je seray,
Ne jamais chose ne feray, 1968
Que je puisse, qui vous desplaise."
Lors Raison s'abaisse et me baise,
Et en baisant s'asvanuy.
Plus parler ne la vy ne oÿ, 1972
Mais bien dedens moy la senti.

1936 venir a p.
1942 *omitted*
1964 nulz

N'onques puis je ne m'assenti
De faire a nulluy desraison
N'autre chose contre raison, 1976
A tout le moins que je peüsse
Ne que cognoissance en eüsse,
Quant dedans moy sera ainsi
Raison la sage que j'aim si, 1980
Que tousjours en mon cuer demeure.

Lor vindrent a moy sans demeure
Ung moult simples homs et sa famme. [216vb]
Bien sembloient gens sans diffame 1984
Et sans estre de mal tenté.
Bon Cuer et Bonne Voulanté
Se faisoient ilz appeller.
Telz noms n'afierent a celer. 1988
Chascun moult bel se maintenoit.
La femme par la main tenoit
Ung enfant bel, doulx et gent,
Et gracieux a toute gent. 1992
En tous cas yert de bon affaire.
Nommés fu Talent-de-bien-faire.
Bon Cuer, li preudons, fu son pere
Et Bonne Volanté sa mere. 1996

Istoire de Bon Cuer, Bonne Volenté et Talent-de-bien-faire.

Tous trois delés moy s'aresterent
Et moult bel samblant me monstrerent.
Bon Cuer premier m'araisonna
Et moult bel salut me donna 2000
Par doulx parler, com simples hom:
"Amis, dit il, puis que Raison
As avec toy a compangnie,
Tu m'aras en ta compagnie 2004
Tous tamps, et avec toy sera[y]
Ne jamais jour ne te laira[y].
Ma femme et mon filz que vois cy
Ne te lairont jamais aussy. 2008
Nous trois te conduirons ensemble
A la voie, se bon te semble,
Que Raison t'a dit et apris,

Qui fait gens advenir a pris. 2012
Et se tu nous vuelz croire et suire,
Tous prests sommes de toy conduire [217ra]
Et d'esprouver en verité
Ce que Raison t'a endité. 2016
Et sans nous trois ne pues tu faire
Chose qui puist a Raison plaire,
Car ne saveroies assener
Au chemin qui te doit mener 2020
Au noble chastel de Richesse,
Qui tant par est plain de noblesse.
Qui sans nous y vouldroit aler,
Il ne feroit que reculer 2024
Jusques atant qu'il se fust bouté
Droit ou chemin de Povreté,
Qui tant par est et vilz et ort."
Lors lui dis: "Sire, je m'acort 2028
A vous trois, et si vous requier
Que vous me vuelliés convoïer
Au chemin que je tant desir,
Si m'acomplicés mon desir. 2032
C'est ou chemin de Diligence.
Je ne scay par ou on coumence
A y entrer, qu'oncques n'y fuy,
Dont dolent et cour[ou]ciés suy." 2036
"Tu y entreras tout en l'eure,
Dit Bon Cuer. Or tost, sans demeure,
Lieve sus, et si t'aparoille!
Il faura bien que tu t'esvoille, 2040
Tel fois que tu dormisses bien,
Se tu vuelz advenir a bien.
En ce chemin fault traveillier,
Pou dormir, et souvent v[e]illier. 2044
Par trop dormir puet on bien perdre.
Nulz ne s'en scet a quoy aerdre,
Se n'est a robe desciree,
Qui n'est pas chose desiree 2048
De personne qui honte craint.
Pour ce est sage qui se contraint [217rb]

2016 Et que
2047 desiree

A souffrir ung pou d'astinence,
Dont on vient a celle excellance 2052
C'on en a des biens a planté."
Lors parla Bonne Volanté:
"Biau filz, dit elle, a moy entens!
Il te fault amploier ton temps 2056
Tout autrement que tu n'as fait,
Et si bien maintenir par fait
Que tu puisses acquerre avoir,
Sans chose de l'autruy avoir. 2060
Et me croy, moy et mon signour,
Si en venras a grant honour;
Tu ne verras ja le contraire."
"Amis, dit Talent-de-bien-faire, 2064
Croy ma mere que tu ois cy
Et mon pere, Bon Cuer, aussy.
En leur consoil mets ton assens
Et les aimme, si feras sens. 2068
Lieve sus tost sans plus attendre,
Si te menrons droit a la sente
Du biau chemin de Diligence
Et ne met point debat en ce, 2072
Car tu en pues venir a pris,
Si comme Raison t'a apris."

Istoire de Bon Cuer, Bonne Volenté et Talent-de-bien-faire, qui mainnent l'acteur ou chastel de Labour.

Ad ce mot respondis en l'eure:
"Sire, volantiers sans demeure, 2076
Ja par moy n'y aura debat.
Vostre consoil pas ne debat,
Ains le vueil du tout acomplir."
Lors me commensay a vestir 2080
Et me chaussay apertement. [217ᵛᵃ]
Puis dis: "C'est fait, alons nous ent.
Veés moy cy tout apresté."
Lors ala Bonne Volenté 2084
Tantost alumer la chandoille,
Car moult estoit le cuer chaut d'elle
Que fusse entrés en Diligence,

2087 fusses

Le biau chemin plain d'excellance. 2088
Puis dit doulcement, sans hault braire,
A son filz, Talent-de-bien-faire:
"Tien, dit elle, mon enffans douls,
Ceste chandoille devant nous; 2092
Porte si que plus cler voions,
Tant qu'en Diligence soions.
Or tost, n'y ait plus sermonné."
"Dame, veés moy cy atourné," 2096
Dit Talent-de-bien-faire doncques.
Desobeïssant n'en fut oncques.
A la voie se mist devant,
Piét a piét l'alasmes sivant. 2100
Nous quatre ensemble tant errames
Que nous en Diligence entrames,
Que oncques mais entré n'avoie,
Pour ce que aler n'y savoie. 2104
En ce chemin grant et ferré
N'eusmes pas granmant erré
Que nous trouvasmes ung chastel.
Oncques homme ne vit si bel, 2108
Se ce ne fust celui mesmes.

> *Bon Cuer, Bonne Volenté et Talent-de-bien-faire ont mené l'acteur*
> *jusquez au chastel de Labour et par-* [217vb] *lent a Soing le portier.*

Et quant a la porte venismes
Et nous cuidasmes dedens entrer,
Adont nous vint a l'ancontrer 2112
Celluy qui la porte gardoit,
Et moult fellement regardoit
Car moult estoit engronnié
Et par semblant enbesongnié. 2116
Moult lourdement me pri[n]t a dire:
"Qu'esse que voulés vous, biau sire?
Voulés vous entrer sans congié,
Si tost que vous l'avés songié? 2120
Nul n'entre ou chastel de cëans,
S'il n'est a moy obeïssans
Et a ma fame que veés cy."
"Ha, hay, sire, pour Dieu mercy! 2124
Ce dit lors Talent-de-bien-faire,
Ne vous vueille a tous deux desplaire,

Il n'y vuelt pas sans vous aler."
Lors a prins Bon Cuer a parler: 2128
"Sire, dit il, il est bien disgne
D'entrer lëans sans long termine,
Car je le say pour verité."
"C'est mont, dit Bonne Volenté, 2132
Sire, n'en soies en doubtance
Car je scay bien qu'il a bëance,
Grant volenté et grant desir
D'acomplir tout vostre plaisir 2136
Et de la dame de vos biens,
Car sens ce ne vaulroit il riens.
Dites, que voulés vous qu'il face,
Et il le fera sans fallace." 2140

Comment Soing et Cure mainnent l'acteur ou chastel de Labour pour besoingnier.

Lors dist le portier doulcement:
"Puis que de son assentement
L'avés jusques cy admené, [218ra]
Il sara moult bien assené, 2144
Ne il ne le pouroit mal estre."
Adonc me print par la main destre
Et me commensa a preschier
En disant: "Mon ami tres chier, 2148
Puis que tu yes cëans venus,
Tu seras des ores mais tenus
De moy et de ma fame obeïr,
Se tu vuelz Richesse veïr 2152
Qui demeure assés pres de cy
En son bel chastel seignoury.
A elle ne puet nulz aler
Sans a ceulx de cëans parler, 2156
Et toute leur voulanté faire,
Et parceverer sans retraire.
A moy fault parler tout premier
Qui suy de ce chastel portier, 2160
C'on claimme chastel de Labour
Ou l'en besoingne nuit et jour.
On m'apelle par mon non Soing
Qui mainne les gens par le poing, 2164

Entre moy et Cure, ma famme,
A mon seigneur et a ma dame
Qui de cëans ont le demainne,
C'on apelle Travail et Peinne. 2168
Si que, biaus amis, se tu veulz,
Nous te menrons tout droit a eulx.
Mais moult t'i faura endurer
Ou tu n'y pouroies durer, 2172
Car on te feroit hors chassier
En l'eure, sans toy menacier,
Se tu ne faisoie[s] ton devoir.
Je ne te vueil pas decevoir, 2176
Demourer pues ou retourner.
On dit souvent qu'a l'enfourner
Font li fourniers les pains cornus." [218rb]
"Sire, dis je, n'en parles plus. 2180
De retourner n'est pas m'atente,
Pour nulle durté que je y sente.
Ja ne me verrés remuer
Pour chaut, pour froit, ne pour suer. 2184
Bon Cuer et Bonne Volenté
Le vous ont assés crëanté,
Et Talent-de-bien-faire auxi,
Qui amené m'ont avec eulx cy. 2188
Et se deffaillir m'en veés,
Jamais nul jour ne me creés."
Lors me menarent Soing et Cure
Ens ou chastel grant aleüre. 2192
La avoit plus de cent mille
Ouvriers ouvrans parmi la ville
Dont chascun faisoit son mestier
Si comme il luy estoit mestier; 2196
La n'ot homme ne femme oiseux.
Tant estoit ce chastel noiseux
De ferir et de marteler,
C'on n'y oïoit pas Dieu tonner. 2200
Qui de trois jours n'eust sommillié,
Si fust il la tous esvillié.
Quant les ouvriers vis et oÿ,

2188 Qu'amenés m'ont
2202 la *omitted*

J'en os le cuer tout esjoÿ 2204
Et me fut tart que je m'y veïsse
Et aussy comme eulx feïsse.
Soing et Cure me regardarent
Talentis, si me demandarent 2208
Se je vouloie demourer
En Labour et y labourer.
"Oïl, dis je, pour Dieu mercy!
Moult me plait a demourer cy. 2212
Au chastelain bien parleray
Et a sa famme, quant j'auray
Icy esté jusques au soir."
Dit Soing et Cure: "Tu dis voir. 2216
Or commance donc, de par Dieu." [218va]
Adont prins ma place et mon lieu
Et m'alay mettre en conroy.
Ma chandoille mis devant moy 2220
Sur la table en ung chandellier
Pour mieux veoir a besoingnier.

Com[m]ent l'acteur œuvre, et Peinne vient a lui en la pre[se]nce de Soing et de Cure.

Lors si comme je m'apareilloie
Et que je commancier vouloie, 2224
Hé vous venir la chastelainne
De ce chastel a grant alainne,
Peinne, qui aloit visitant
Tous les ouvriers, dont je vis tant; 2228
Les pans avoit a la sainture
Et moult aloit grant aleüre.
De telle ardeur se remuoit
Qu'a pau qu'elle sang ne suoit. 2232
Nulle fois surcot ne vestoit,
Mais en pure sa coste estoit,
Et aucune fois en chemise
Quant elle l'avoit blanche mise. 2236
En passant Peinne m'aperceut,
Et pour ce qu'elle ne me congnut
Demenda a Soing, le portier:

2232 que sang
2238 ne *omitted*

"Qui est, dist elle, cel ouvrier 2240
Que je voy la tout seul seoir?
Ne l'ay point aprins a veoir.
Il est venus tout nouvel huy.
Je vueil aler parler a luy, 2244
Savoir s'il croire me vorra
Et s'a mon plaisir labourra."
"Dame, dit Soing, veulliés savoir
Qu'il a grant soing de vous veoir. 2248
Tesmongnié nous a bien esté;
Bon Cuer et Bonne Volenté [218vb]
Et aussy Talent-de-bien-faire
Dient qu'il est de bon affaire 2252
Et que il d'estre oiseux n'a cure."
Lors parla moult hautement Cure
Et dit: "Vraiement, ce n'a, mon,
Et pour ce de cuer nous l'amon, 2256
Entre moy et mon mary Soing;
Avec lui serons pres et loing.
Pres sommes de le vous aplegier
Et de nous en bien obligier." 2260
Lors respondi la chastelainne:
"Puis qu'il est, dit elle, en tel veinne,
Je le vueil aler essaier.
Si me poura si appaier, 2264
Comme vous dites, or y parra.
S'ainsy le fait, il acquerra
Pour l'amour de moy moult d'avoir
Que nulz ne puet sans moy avoir." 2268

Comment Peinne parle a l'acteur.

Peinne se trait lors pres de moy.
"Amis, ne soies en esmay,
Dit elle, fay liement
Ta besoingne et apertement. 2272
A ta main entens sans muser
Et ne t'entens pas a ruser,
Mais l'ouvraige continues
Que de force d'ouvrer tressues, 2276
Car nulz ne doit cëans oser

2277 doit oser

Soy alachir ne reposer.
Trop a la conscience dure
Et met son ame a grant laidure, 2280
Qui de ce tourne pour l'ordure,
Pert paradis qui tousjours dure,
Car tantost seroit boutés hors."
Je respondis humblement lors: 2284
"Dame, je ay tres grant desir
De faire tout vostre plaisir, [219ra]
Ne ja jour ne vous pourés plaindre
De moy que m'aiés veu faindre 2288
Ne que vous face mesprenture
En tesmoing de Soing et de Cure."
"Amis, dit Peinne, c'est bien dit.
Fay que le fait s'acorde au dit, 2292
Ou tout ce ne vaulroit ung ail,
Si ques, quant mon mari, Travail,
Venra au soir, puist aparcevoir
Que bien as fait ton devoir. 2296
Je visette nos gens au main,
Et il les visette au serain.
Or fay tant qu'il ne se courouce
Car, de pou parler, cestuy grouce." 2300
Atant se tut la chastelainne
Qui moult estoit d'angoisse plainne.

A besongnier commansa[y] lors,
Et tout y mis, et cuer et corps, 2304
Et besoingnay sans nul sejour
Jusques atant que il fut jour.
Quant je la nuit parceu aler,
J'alay ma chandoille souffler. 2308
Puis ratendi a ma besongne
Sans querre delay ne essongne,
Jusques a heure de disner
Qui vault disner et desjuner 2312
A la coustume des ouvriers.

2283 serons boutés
2288 Devant q.
2300 Garde pou
2312 Que voulz

Lors resgarday trop volentiers
De ces ouvriers la contenance,
Qui vivent par abstinance.   2316
Ni ot si grant ne si petit
Qu'il ne prenist grant apetit
En pain bis, en aulx et en sel,
Ne il ne mengoient riens el,   2320
Mouton, buef, oye, ne poucin.
Et puis prenoient le bacin
Aus mains, plein d'yaue, et buvoient   [219rb]
A plain musel, tant qu'ilz pouoient.   2324
Quant je resgarday leur affaire,
Grant desir me print d'ainsy faire,
Combien que pas ne l'eusse aprins.
Mais aus ouvriers exemple prins   2328
Qui manjoient, si me print fain.
Lors fis je tant que j'ous du pain
De Corbueil, du sel, et des aulx,
Et si bus du vin aux chevaulx.   2332
Puis mengay par si grant saveur
Qu'oncques ne mengay par grigneur.
Car moult me vint a gré celle ordre
Qui me veïst en mon pain mordre,   2336
Ma meniere et mon contenir.
Grant apetit l'en peüst venir
Car je mengoie sans mot dire,
Sans jouer, sans chanter, sans rire.   2340
Et bus de l'iaue a plain musel;
Vin ne prisoie ung viel fussel.
Et tout adés en besoingnant,
J'alay ilecques moult mengent.   2344
Et quant j'ous mengié et beu,
Aussy bien me senti peü
Comme se a feste heusse esté
Ou j'eusse heu a grant planté   2348
Mouton, buef, poullaile, et paons,
Pastés, tartes, et flaons,
Pain de bouche, et estrange vin,

2322 le matin
2323 pleinne
2342 viel *omitted*

Bourgongne, Gascongne, Angevin, 2352
Beaune, Rochelle, et Saint Poursain,
Que l'en met en son sain pour sain.

Lors me prins fort a besongnier.
Je ne me fis pas essoingnier, 2356
Car la furent lés mon costé
Bon Cuer et Bonne Volenté [219va]
Et aussy Talent-de-bien-faire,
Qui resgardoient mon affaire. 2360
Soing et Cure aussy y estoient,
Qui tout adés m'amonnestoient
Que j'ovrasse a col estandu
Et que bien me seroit rendu, 2364
Car j'en aurois bon loüier.
Ainsy ouvray sans delayer
Jusqu'a la nuit laide et obscure.
Adonc alerent Soing et Cure 2368
Tost la chandoille aparullier
Pour jusques a cuevrefeu vellier,
Car d'yver estoit la saison,
C'on ne soupe pas par raison 2372
Jusques a tant c'on l'oie sonner.
Lors m'alay tost habandonner
A l'euvre, de cul et de pointe,
Je n'en fis oncques le mescointe. 2376
Et tant besongnay que j'oÿ
Cuevrefeu, si fu resjoÿ,
Car lassés et veinc[us] estoie
De besongnier, et si sentoie 2380
L'appetit que on appelle fain.

Comment Travail parle a l'acteur.

Ad ce point vint le chastellain,
Travail, qui me dist: "Doulx amis,
Bien dois amer qui t'a cy mis, 2384
Car tu as bien fait ton devoir,
Je m'en dois bien apparcevoir.
Bien vois que tu as sans faintise

2374 tost a habandonner

Huy en labour t'entente mise, 2388
Et pour ce te vueil pourveoir
Que tu puisses Repos avoir.
C'est cil qui les gens de cëans,
Qui en labeur sont paciens, 2392
Fayt bien aisier a leur plaisir,
Boire, mengier, dormir, gesir, [219vb]
Et prendre consolacion
Aprés la tribulacion 2396
Que ma famme leur fait souffrir,
Quant a lui se vuellent offrir.
Et pour ce qu'a ly t'ies offert
Et grant hahan as huy souffert, 2400
Congié te doing en gueredon
D'aler a Repos, le preudon,
Qui fera ton cuer apaisier,
Ton corps et ta char bien asier 2404
Que tu as huy moult esmeu
Pour l'ahan que tu as heu."
"Sire, dis je, bien m'y accord,
Puis que ce vient a vostre accord. 2408
A Repos m'e[n] vois orendroit."

Lors me mis a la voie tout droit
Vers la porte par ung sentier.
La requis a Soing, le portier, 2412
Et a Cure que par amour
M'ouvrissent l'uis sans nul sejour.
Adont respondy li portiers:
"Biaus amis, dit il, volentiers, 2416
Car tu yes vains et endormis."
Lors m'ont Soing et Cure hors mis,
Qui virent que temps en estoit.
Et puis lors m'amonestoit 2420
Chascun d'eulx de moy lever
Des matines, pour achever
L'euvre que commancié avoie,
Et pour plus abregier ma voie 2424
D'aler ou chastel de Richesse

2399 pour qu'a
2403 Qui sera
2421 de moy dever

Ou l'en ne va pas par perresse.
Non fait on pas par diligence,
Se il n'y a parceverance. 2428
Raison me dit, bien m'en souvient,
Que parceverance couvient,
Et bien faire, c'est ce qui fait
Louer l'ouvrier de son bienfait. 2432
"Amis, dist Soing, a Repos vas.
Plus decepvant le troveras, [220ra]
Puis que tu fus de mere nés.
Repos a maintes gens menés 2436
Au hideux chemin de Perresse
Qui tourne le cul a Richesse.
Repos a tous ceulx deceü
Qui contre Raison l'ont creü, 2440
Et si est prest de decepvoir
Tous les jours ceulx qui recepvoir
Vuellent ce qu'il leur veult donner.
Tous les biens vuelt habendonner 2444
A tous ceulx qui prenre les vuellent.
Mais vraiement tous ceulx s'en duellent
En la fin, qui contre Raison
Les prennent hors heure et raison, 2448
Par droite superfluité.
Bien est raison: en verité,
Sans repos ne puet vivre nulz,
De quelque estat, grans et menus, 2452
Mais tous ceulx qui le croient trop
Povres sont enfin comme Job.
Or ne le veulle donc pas croire,
Mais aies tousjours le cuer en memoire 2456
Ce que je te dy et ensaingne,
Et le retien a ceste ensaingne."
Adont me tira Soing par l'oreille.
Cure, d'autre part, s'apareille 2460
A moy enseingnie[r] et aprandre

2429-32 *omitted*
2433 d. et R. vas
2442 qui decepvoir
2457 t'ay dit
2458 *omitted*

Comment je dois par Raison prandre
Les biens que Repos scet donner
Et a oultrage habendonner.　　　　　　　　　2464
"Amis, dist Cure, ne croy pas
Repos, se ce n'est ung trespas,
Quant en auras necessité.
Car, si comme Soing t'a dité,　　　　　　　　　2468
Nulz ne pouroit sans Repos vivre
Ne qu'il pourroit sans autre vivre.　　　　　　　　[220rb]
Mais qui trop croit en oultrage,
Il en pert du tout son courage　　　　　　　　　2472
Qu'il auroit par devant d'ouvrer
Et ne le puet pas recouvrer
Aucune fois a son vouloir,
Dont en la fin s'en fait douloir.　　　　　　　　2476
Garde donc bien qu'il ne te tiengne
Que par Raison, et te souviengne
De moy a ces ensa[i]ngnes cy."
Lors me tira l'oreille aussy,　　　　　　　　　2480
Comme Soing ot fait par avent
En moy mon pre[u] ramonestant.

Atant du portier prins congié
Et de sa fame, et eslongié　　　　　　　　　2484
Le lieu le plus tost que je pos.
Et m'en alay droit a Repos
Qui m'atendoit en ma maison,
Car il en estoit bien saison.　　　　　　　　　2488
Ens entray, si trouvay ma femme
Qui ne pensoit a nul diffame,
Mais m'aparilloit a mengier
A lie chiere et sans dongier.　　　　　　　　　2492
Mes mains lavay et puis m'assis,
Et souspasmes a sens rassis,
Moy et ma femme, bec a bec,
Du pain et du potage avec　　　　　　　　　2496

2470 omitted
2473 d'ouve
2474 recouvre
2484 a eslongié
2486 m'en alay tost a R.

Et de ce que Dieux mis y ot.
Quant soupé heusmes sans riot
Et la nappe si fu ostee,
Pres de moy si fu acoustee 2500
Ma femme. Lors li contay brief
Mon affaire de chief en chief.
"Dame, dis je, ne savés mie
Comme j'ay heu forte anuitie, 2504
Quant delés moy vous dormiés
Et vostre repos vous preniés. [220va]
Vous n'avés pas veu ennuit
La malle gent qui tant m'anuit 2508
Et fait si grant adversité:
Besoing avec Necessité,
Souffrete et Disette aussy,
Pensee la vielle et Soucy, 2512
Desconfort et Desesperance;
Et tant m'ont fait de meschëance:
Sachiét, bouté, et tourmenté,
Qu'a pou qu'ilz ne m'ont cravanté. 2516
Mais Raison, la bonne et la sage,
M'a aprins la voie et l'usage
D'esch[i]ver toute adversité
Et de vivre en prosperité. 2520
Entendement, com mes amis,
En la voie aussy m'a mis.
Et m'ont fait de Barat retraire
Qui se penoit de moy atraire 2524
Pour moy en mal fort habonder
Et moy honnir et vergonder,
Et aussy son clerc Tricherie
Et son varlet Hoquelerie. 2528
Tant m'a donné Entendement
Et Raison bon ensaingnement
Que je suis en foy et en hommage
De Raison, la bonne et la sage, 2532
Et tousjours en moy demoura
Ne jamais n'en retournera,
Ainssy com elle m'a promis;

2517 et sage

A lui faire hommage ay trop mis. 2536
Bon Ceur et Bonne Volenté,
Qui sont de tres bon parenté,
Talent-de-bien-faire, leur filz,
Quant a moy vindrent, je leur fiz 2540
Tout ce qu'ilz me commenderent
Et alay ou ilz me menarent.
Au chastel de Labour alasmes, [220vb]
Ou nous Soing et Cure trouvasmes 2544
Qui sont de ce chastel portiers.
Cil me resurent moult volentiers
Et me menarent droit a Peinne
Qui de Labour est chastellainne. 2548
Peinne me resut sans sejour,
O moy a esté toute jour.
Travail aussy, puis l'anuitier,
Vint a moy, non pas pour luitier, 2552
Mais pour dire et ramentevoir
Qu'avoie bien fait mon devoir
Et que temps estoit de venir
Mon corps aisier et soustenir. 2556
Mais trop m'ont hasté Soing et Cure,
Qui de long aisement n'ont cure,
De moy des matines lever
Pour tost ma besoingne achever. 2560
Or vous ay dit tout sans mensonge
Ma vision qui n'est pas songe."

Lors me respondi ma famme ainsy:
"Qu'est ce que vous dittes cy? 2564
Vous estes, je croy, hors du sens.
Or ne me congnois a nul sens
En ce que vous m'alés disant
Et toute nuit cy devissant, 2568
Car ce n'est tout que fantasie
Que vous dites par frenasie."
Quant ma femme remposné m'ot,
Je me teus et ne sonnay mot, 2572

2540 je leur filz
2557 m'en h.
2565 se croy

Ca[r] s'a lui me fusse engaingnié,
Je n'y eusse nulle riens gaingnié.
Et j'ay piessa du sage apris
Que nul ne deveroit prenre a pris 2576
Quelque chose que famme die,
Soit bien ou mal, tense ou mesdie;
Tousjours vuelt femme estre loee [221ra]
Et de ce qu'elle dit advoee. 2580
De riens ne vuelt estre reprinse,
Ains vuel que l'en la loe et prise
Ainsy bien du mal que du bien.
Ceste coustume sa[y] ge bien. 2584
Et pour ce que je bien le say,
De la remposne me parsay,
Car contre femme[s] se fault taire
Et toute leur volenté faire. 2588
Ainsi le consoil a tous ceulx
Qui ont femmes avecques eulx:
Combien que ce soit foleté
De leur faire leur volenté, 2592
Encor est ce plus grant foleur
Selon raison de faire leur
Nulle chose qui leur desplaise;
Car ja femme ne sera aise, 2596
Se son mari luy fait despit,
Jusques atant, sans nul respit,
Que rendu luy ait doublement,
Ou nature de femme ment. 2600
Dont doit on, qui bien vuelt eslire,
De deux maux prendre le moins pire,
Car bon se fait d'ung peril traire
Pour de greigneur peril retraire. 2604

Lors m'aparillay pour couchier
Et mis en costé moy l'eschier
Pour tost alumer ma chandoille,

2582 l'en loe
2584 sage b.
2586 ma p.
2592 Et leur f.
2593 esse

Sens moy bougir, de sus ma selle.	2608
De Soing me souvint et de Cure	
Qui de fetardie n'ont cure,	
Car moult estoie entalenté	
De leur faire leur volenté,	2612
Et feray des ores en avant,	
Et Dieu par sa grace manant,	
De si bien vivre en Diligence	[221rb]
Et en bonne Parceverence,	2616
Au grey de Travail et de Peinne,	
Que veoir me puisse ou domenne	
De Richesse, la haulte dame,	
Au sauvement de corps et d'ame.	2620
Et se je ne puis advenir	
A la grant Richesse ad venir,	
Qui est la menre selon Dieu,	
Je pry a la Vierge de cuer pieu,	2624
Qui Dieu son benoit filz porta,	
En qui pichié ne s'aporta,	
Qu'avenir puisse a Souffissance,	
Car en ce ay ferme crëance	2628
Que qui en Souffissance adresse,	
En luy a parfaite Richesse;	
Ja ne croiray le contraire.	
Ainssy vuel mon livre a fin traire,	2632
Apellé *la Voie ou l'Adresse*	
De Povreté et de Richesse.	

Explicit hoc totum, pro pena da michi potum
Explicit, expliceat, scriptor ludere eat.

2608 ma celle
2633 la vois.

VARIANTS

Note: The control manuscripts are: *A* — London, BL, Royal 19. C. XI; *B* — Paris, BnF, fr. 808. See the Introduction, pp. 6–8, for their description.

Pages 27-32 *Incipit omitted A Cy commance le l. de p. et de r. B.*
2 Une parole *A* — 3 Verité est *A* — 6 Par moy le puis je veïr *A* — 11 or de ce me t. *AB* — 19 fus couchié *A* — 20 m. p.] assez pou *A* — 23 t.] comme *A*; en veillant *AB* — 27 De lait samblant et de hydeuz *A*; estre yreulx *B* — 28 Et bien sambloient estre yreuz *A* — 30 En eulz *AB* — 31 c.] tenoit *AB* — 35 si fu nommez *A* — 37 L'ainsnee f. *AB* — 44 et en p. *AB* — 52 le cueur si destraint *B* — 54 s'apperty *A* s'apparcy *B* — 56 r.] plus dire *A* mot dire *B* — 57 f. destraindre *B* — 60 t.] furent *A* rorent *B* — 61-62 *omitted A* — 77 de lui *AB* — 80 t.] destresse *AB* — 83 f.] grant *A* — 84 pouroit] scauroit *B* — 88 Vint un grant v. *A* — 89 et moussu *A* — 90 et bossu *A* — 93 r.] tigneuz *A* — 97-98 *inverted B* — 99 mist a si grant m. *AB* — 100 Q. sur moy n'ot m. ne c. *A* je n'oy ne m. ne c. *B* — 108 B.] Me fist *A* — 109 S. et me f. si tresaigre *A*; si d.] sur *B* — 120 m. pou s. *A* — 126 Com (Car) trestout aussi le demaine *AB* — 132 leur *AB* — 140 cuer] homme *A* — 153 Q. nommez estoit *A* — 154 A manier *AB* — 156 le sens *B* — 161 feray *A* — 161-62 *verse inserted*: Ou fuiray je ou yray *A* — 162-63 *verse inserted*: Las, je ne say ou tu yras *A* — 170 parler *AB* — 184 Ou fuyray je, ou yray *A* T. au d. metray *B* — 189-90 *inverted AB* — 190 Seche *AB* — 192 Que qui *AB*; v.] doit *A* — 201 F.] A *AB* — 202 Maints beaulz vyaires a fait taindre *A* — 203-04 *omitted A* — 204 a pali] assailly *B* — 205 A.] A qui *AB* — 208 En ce p. on m. *AB* — 210 Ne p. ne avoir *AB*; n'aroit *B* — 211 *omitted A*; Quant je ne puis par droit avoir *B* — 213 bien] cras et aise *B*.

Pages 33-37 223 Mis en voye de p. l'a. *A*; Presque f. *B* — 224 Et le corps. Lors vy une d. *A* — 225 G., p., courtoise et b. *A* — 231 Sy estoit *A* — 232 Fille du r. *A* — 236-37 *omitted A* — 238 t. que l'ot avisee *A* — 240 doloreuse *A* — 241 T. comme piéz la p. p. *AB* — 254 n.] maintenant *A* — 257 v. entendre *AB* — 258 Et estre d'amoureux affaire *A* — 258-59 *two verses inserted*: En tous lieux et en toutes places Sy te conseil que tu faces *A* — 259 Et selon] Sans targier *A* — 262 Je le te conseil d. *A* — 264-65 *two verses inserted*: Et aler souvent au moustier Le deprier de ceur entier *A* — 265-66, 267-68 *couplets inverted A* — 267 aourer] avuec ce *A* — 273 en leesce *A* — 274 en tristresce *A* — 275 est en l. doulz *AB* — 276 Q. en t. est moult estous *AB* — 277 de m.] d'une *A* — 280 A g. p.] Moult a envis *B* — 287 leur(s) circonstances *AB* — 288 m. en v. grans nuisances *A* m. t'en viendroit de meschances *B* — 295 dont parleray *A* — 306 Venras *B* — 307 ne pues e. *A* —

308 les] eulz *AB* — 311 f. pouoir *AB* — 313 porront *AB* — 314 ilz] eulz *A*; voulront *A* vendront *B* — 325 Leur *AB* — 349 Et d'autres qui aveuc eulz *A* — 351 venra *AB* — 356 secours] recours *B* — 364 s'a.] samite *A* sa miste *B* — 369 Contre *A*; q. sont *omitted A* — 385 serviront *A* — 389 Bengnivolence *A* Benignelance *B* — 395 aultre *omitted AB*; f. a c. *AB* — 396 b. g.] deffendre *AB* — 398 tousdis *B* — 403 Car si se scet d. *AB*.

Pages 38-42 406 *omitted B*; Qui aveuc lui est *A* — 415 q. ne t'aient] et (qu'il) ne t'ait *AB* — 416 Tray toy *AB* — 421 C'est assavoir D. *AB* — 433 Pour chose qui *A* — 435 Et fuire le mauvais t. *B* — 440 S. l'acoster *AB* — 441 b.] un *AB* — 448 le dompter *A* le dampner *B* — 455 Gens ou *AB* — 462 extrait *AB* — 474 a l'a.] selon Dieu *A* — 475 b. a.] un *A* un a. *B* — 485 En tapinaige en c. *AB* — 491 atraper] happer *A* entraper *B* — 492 antraper] attraper *AB* — 493 Tout ne soient ilz pas h. *AB* — 495 Cois et s. et de couarde chiere *A* — 498 Il est pire que mal et plus *A* — 501 et frape *omitted B*; t.] rue *A* — 504 f. il bon lui revengier *A* — 508 Sy qu'il estre n'en puisse absoulz *A* — 522 tenront *B* — 547 poursuit *B* — 549 faite *omitted A* — 552-53 Ta bataille tost fineras Et feras tout a son vouloir *A* — 556 Car il maints mauls machine a f. *AB* — 564 aucuns] souvent *A* — 567 car elle *AB* — 569 la plus d. *AB* — 586 de] *omitted B*; est destruiseur *AB* — 592 Nul temps sa volenté ne pert *AB* — 593 sur t. r.] tousjours *B*.

Pages 43-47 603 de tel s. *AB* — 606 L'omme a. *A* — 608 A cil qui a lui veult *A*; attendre] entendre *AB* — 612 Pattronnerie *A* — 630 A. eulz ceulz *A* — 634 Encontre celle gloutonnaille *AB* — 640 Que sur lui n'a ne m. *A* — 646-47 *two verses inserted*: Tant qu'il se muert avant ses jours, Sans ayde, avoir ne secours *A* — 648 D. c'est grant pechié *A* — 651 gaitier *B*; m.] traire *AB* — 656 Trayoit *AB*; p. t. blechier *AB* — 664 Il te ramenroit droit *AB* — 666 e.] lancee *A* boutee *B* — 668 ne tent fors que a *A* — 669 mettra *A* — 675 atendre] entendre *AB* — 676 s.] fol *AB* — 685 t. de Fermeté *A* — 686 la targe de Chasteté *A* — 691 te] ce pas *AB*; pues] veulz *A* — 704 mal attaint *AB* — 708 Qui aux yeulz ne v. *A* — 716 telz excusans *A* telz excusacions *B* — 724 convoite *AB* — 735 Gens q. *AB* — 738 Voulans *AB*; s'i] eulz *A* — 740 le j.] delit *A* l'engin *B* — 750 fais je m. *AB* — 757 *omitted A* — 759 *incorporates replacement for v. 757, forming two verses*: Car quant Nature a eulz habite Et en telz gens vient tout a euvre *A* — 773 Ou N. est t. e. *AB* — 775 Ains court *AB* — 784 en elle] (la) ou elle est *AB*.

Pages 48-52 790 Dont Luxure les gens assault *AB* — 793 S. tousjours ferme en *A* — 797 C. a toy faire v. *A* — 803 et d.] volentiers *A* — 808 a.] voulras *A* orras *B* — 810 Q. ce venra *AB*; au parler *A* au paraler *B* — 816 a. de legier *A* — 821 de trop p. *A* — 822-24 Ainçois se doit trois fois ou quartre Avant bien et bel adviser Ainçois qu'il doit deviser *A* — 822 Qui parle *B* — 825 v.] doit *B* — 826 p. tourner *A* — 840 m. R. avenir *B* — 842 h.] si *A* — 844-46 *omitted B* — 848-49 *verse* *inserted*: Se tu ne le fais, tu feras foleur *B* — 854 tost *A* — 856-57 *two verses inserted*: Et ce qu'il en puet avenir Ainsi n'en puet nul mal venir *B* — 863 se tourne hors v. *A* — 864 se desvoie *A* — 870 en tres g. *AB* — 873 v.] pues *A* — 874 p. aler et revenir *A* — 885 n'estordre *AB* — 886 ceste] sur le *A* — 889 destresse *B* — 893 e.] n'amour *A* — 895 descavé *B* — 897 beau t. *B* — 897-900 *omitted A* — 899 tiennent *B* — 900 Les grans b. *B* — 912 en s.] cler en ce *A* en ce *B* — 918 f.] doleur *AB* — 924 t. le dos *A* — 926 je te parloie *A*; cy e.] orendroit *AB* — 929 Et apparçoivent leur f. *A* — 930 entrent *A*; en grant merencolie *B* — 931 les traveille et les p. *A* — 934 D. larrons deviennent e. *A* — 935 Et emblent tout *A* — 936 D. enfin meurent *A* — 938 les t. *A* — 939 Et les f. en telle guise a. *A* — 947 En prenant *A*; par] en *AB* — 948 En leur p. *A* — 950 qu'ilz ne l'ont m. f. *AB* — 952 fu donnee *A* — 960 Qui a bien faire entendre veult *AB*.

Pages 53-57 972 Qu'il avoit en son c. pensee *A* — 977 c.] plainement *A* — 982 attellee *A* — 985 comment en meschief *A* — 998 v. bon *AB* — 1000 de ce f. *A* — 1001 b.] bien faire *A* bien fait *B* — 1006 Q. n'y p. m. autre d. *A* — 1008 faire *omitted B* — 1010 fors] que *B* — 1011-14 Et Dieu meïsmes qui sur tous A pouoir si n'en doit courous Avoir vers lui, puis que ce fait N'a pas, mais Destinee de fait *A* — 1014 t. refait *B* — 1015-18 Mais certes il va autrement Car quiconques maintient ce ment Car Destinee veult ou scet Car qui le crois [*sic*], il se deçoit *A* — 1022 Puis qu'a. *A* — 1027-28 *omitted A* — 1037 b.] un *AB* — 1040 On y est *A* — 1041 S. ja y *A* — 1042 au chemin *B* — 1043 chiés] sur *A* — 1057 herras *AB* — 1060 t. les j.] chascun jour *AB* — 1065 S'aucun entre *A*; b.] un *AB* — 1074 ainsi *A*; e.] achever *A* — 1080 Qu'il ne leur fait que mescheoir *A* Clerement et apparcevoir *B* — 1084 t'en fuy *A* — 1086-89 *omitted A* — 1098 Avant que *A* — 1100 En ce chemin d. enmy voye *AB* — 1102 droit *omitted A* — 1108 croient] vont *AB* — 1113 Dieu loent *AB* — 1122 impartie *B* — 1124 assouvy *AB* — 1135 est bien l. *AB* — 1150 si] jus *A*.

Pages 58-62 1152 Et puet en chascun jour v. *A* On le puet chascun jour v. *B* — 1153 decheuz *B* — 1154 au bas (si) cheuz *AB* — 1162 Entrans *AB* — 1166 Ains *A*; a grant m. *A* — 1176 s'entente *AB* — 1188-89 *verse inserted*: Qui quiconques deux en auroit *A* — 1190 *omitted A*; Se tu regardes bien au droit *B* — 1194 fier *A* — 1207 Pour nulle achoison q. *A* — 1218 Qui bien aime sans nul faulz tour *A* — 1239 Ja ne saura si estre a. *AB* — 1257 te moustreray *B* — 1275 ses b. *AB* — 1276 te s. *AB* — 1279 p. mieulz f. *A* — 1280 s.] tousjours *A* — 1284 tu *omitted A*; f.] male tache *A* — 1289 toutesfoiz *A* — 1298 b.] clerc lay *A* b., clerc *B* — 1303 v.] ensement *AB* — 1314 Tout] Et *A*; ne deboute *AB* — 1323 se taist *A* — 1324 Lors tournay *AB* — 1326 Lors *A*.

Pages 63-67 1341 Et de ce que t'a dit te appens *A* Quant de ce qu'elle a dit t'apens *B* — 1342 Se j.] Se tu a *A* Se tu ja *B*; repens *AB* — 1345 son assent *AB* —

1347 aprés] yllec *A omitted B* — 1350 recordé *AB* — 1352 estoie si grandement *B* — 1358 d.] Dieu *A* — 1359 a.] portoit *AB* — 1360 Et grandement *A* — 1364 pas seurnomméz *A* — 1365 a nom *B* — 1377 a honneur v. *B* — 1381-82 Sans avoir nulle chevissance. Or est fol qui n'a (a) suffissance *AB* — 1384 tenroie *AB* — 1385 ouvreroit *AB* — 1389 s.] vivroit *A* — 1391 laidengier *AB* — 1392 Tousjours *A*; m.] dangier *AB* — 1407 mes a. *A* — 1408 tu crois *A* — 1411 soies *AB* — 1412 le premier c. *B* — 1414 parvenir *A* — 1420 les cuers *A* leur cuer *B*; emblant *AB* — 1423 s.] mais *A* — 1424 Serre *AB*; le] et *A* — 1430 Et dy des gogues et des truffes *AB* — 1432 le f.] les mettre *A* — 1433 b. v.] cher tenus *A* — 1434 c. t.] bien venus *A* — 1441 appaier *AB* — 1442 A. tousjours *A* — 1451 prest] tout p. *AB* — 1454 Jamais] A personne *A* A ame *B* — 1463-64 *omitted A* — 1464 Soit droit soit tort m. r. *B* — 1467 tost *AB* — 1470 Sy que *A*; escroistre *A* — 1474 m.] petis *A* — 1476 belles *A* — 1478 *omitted A*; Si en seras plus avenant *B* — 1481 pour s. *AB* — 1482 ore *omitted A* — 1486 Ce cy est bien *A* — 1489 *omitted A* — 1494 Soit bien pensé ou mal pensé *B* — 1500 t.] partout *A* — 1504 r.] maintiens *AB* — 1510 Cauteleuz, subtil, engigneuz *A* — 1511 S. doulz et c. vers tous *AB* — 1512 r.] fier *A* — 1519 b.] double *A*.

Pages 68-72 1522 soupples m. *AB* — 1527 C.] C. la *AB* — 1528 eulx] leur *AB* — 1530 douls danier faire *A* — 1532 tu pues *A* — 1536 voulras avoir *A* — 1543 *omitted B* — 1544-45 *verse inserted*: Garde lequel tu pues choisir *B* — 1550 a. r.] croire recroy *AB* — 1556 m.] bien *A* — 1558 enseigné *A* — 1563 qu'au d.] que Barat *A* — 1564 Mais que autre *A* — 1565 bel *AB* — 1586 faillir *AB* — 1587 De lonc t. *A* — 1591 ne ses f. *AB* — 1599 Par fol c. le pou seur *AB* — 1609 confusion *A* — 1610 et a c.] sa conclusion *A* — 1627-28 *omitted B* — 1630 escient] jugement *B* — 1638 bien *omitted AB* — 1641 *omitted B* — 1642 Pour s. *AB* — 1642-43 *verse inserted*: Pour voir dire, l'os vraiement *B* — 1649 par composite *B* — 1651 Tant soit il *A*; g.] sa *A* — 1660 en luy] *omitted A* de *B* — 1661-62 *omitted A* — 1664 vive p. *AB* — 1665 fors pure v. *AB* — 1671 croy] sers *A* — 1675 verras *A* — 1677 n. v.] males voyes *A* nulles voies *B* — 1678 desvoyes *AB* — 1684 m'ot dit *AB* — 1688 Car onques hom ne s'en party *A* — 1689 R. sans demouree *AB* — 1690 Fresche *A* — 1704 meisine *A* compaignie *B*.

Pages 73-77 1705 leur *omitted A* — 1713 m'en t. *AB* — 1721 contenances *A* — 1724 ne] me *AB*; q. l.] l. *A* verité *B* — 1726 tu venras *AB* — 1751 sievrra *AB* — 1752 il te fuira *AB* — 1754 mon s. est d. *AB* — 1758 Pues (tu) vivre tout s. *AB* — 1765 liement *A* — 1776 d'entendement *AB* — 1780 œuvre] non *A* — 1783 nulz *omitted B*; autres *omitted A* — 1784 Q. le m. de] En ce monde qui *A* — 1792 Tu lairas *A* — 1812 ressourt *A* — 1813 son pechié *A* — 1820 par *omitted A* — 1822 Tout estoit du dyable venu *A* — 1823 s'en] tout *A*; ira] rira *AB* — 1824-26 Ne nul pitié de lui n'aura, Chascun dira le pis qu'il porra Et vilment despité sera *A* — 1832 Et que qui *AB* — 1838 v.] charité *A* — 1848 les (leurs) ceurs *AB* —

1856 nelluy] nul d'eulz *A* — 1858 parfaitement] apertement *B* — 1866 *omitted A* — 1878 D'un chevalier *B* — 1886 la c.] crestienté *AB*.

Pages 78-82 1904 bien *omitted A*; impartie *B* — 1916 remission *A* — 1940 Par bon a. *A* — 1945 Se je *AB* — 1971 Et au baisier *A* — 1977 Fors t. *A* — 1977 *followed by repetition of verses 1975-77 A* — 1979 senty *AB* — 1980 la belle *A* — 1982 L. s'en vint *A* — 1988 T. gens ne sont pas a c. *A* Tel nom n'affiert a c. *B* — 2000 samblant *A* — 2001 d.] beau *A* — 2015 d'approuver *AB* — 2016 Tout ce *A*; t'a dité *A* — 2017 tu ne p. riens f. *A* — 2027 vilz] hideuz *A* boeux *B* — 2035 Car n'y entray o. ne fuy *A* — 2037 e. sans demeure *A* — 2038 or sus tost en l'eure *A* — 2052 celle] telle *A* grant *B* — 2069 plus d'attente *AB* — 2070 mettrons d. en la s. *AB* — 2072 p. de d. *AB* — 2086 estoit] avons *A* est *B*.

Pages 83-87 2093 Pour ce que *A* — 2095 point *A*; sejourné *AB* — 2103 Ou je *AB*; o.] doncques *B* — 2108 Ains personne *B*; ne trouva tel *A* — 2111 d.] ens *AB* — 2114 Qui m. *AB* — 2115 estoit mal engroignié *AB* — 2124 Haa chier s. *A* Ha sire *B* — 2130 long] nul *B* — 2133 *omitted A* — 2134-35 *amalgamated in one verse*: Car je scay bien que grant desir *A* — 2136 A d'a. v. p. *A* — 2145 mieulz *A* — 2154 beau chastel que vois cy *A* — 2158 En perseverant *A* — 2162 b.] laboure *A* — 2170 mettrons *B* — 2172 pourras *B* — 2175 Se n'y f. *AB* — 2179 Fais le fournier *A* — 2180 plus] (or) nulz *AB* — 2181 m'entente *AB* — 2188 moult *B* — 2198 Moult *A* — 2199 *omitted B* — 2200 oÿst *AB*; *followed by*: Et ne finast il de touner *B* — 2204 Je en eulz *A*; resjouÿ *A* — 2206 aussy] que je *A* que je a. *B* — 2219 mettre] tost m. *AB* — 2223 Lors *omitted AB* — 2224 v.] devoie *B* — 2225 Je vis v. *A* — 2234 en sa cotte simple estoit *A* — 2248 s.] fain *AB* — 2271 f.] mais f. *AB*.

Pages 88-92 2279-82 *omitted AB* — 2285 D., dis je, j'ay g. d. *AB* — 2288 Que vous m'ayés point v. f. *A* — 2289 mespresure *A* — 2300 pou] trop *B*; cestuy] tence et *AB* — 2301 Adont *A* — 2304 Et t.] Entente *AB* — 2305 Ainsi b. *AB*; nul *omitted AB* — 2306 il fu j.] je vy le j. *A* — 2307 Par les fenestres paroir cler *A* Pas les frenestres paroit cler *B* — 2308 Lors ma c. alay s. *AB* — 2309 r.] entendy *AB* — 2310 d.] y terme *AB* — 2311 de desjeusner *AB* — 2312 desjeusner et disner *AB* — 2314 t.] moult *AB* — 2316 vivoient *AB* — 2318 g.] par *A* — 2319 bis] sec *AB* — 2323 Aus mains] A deus *A* A deux mains *B* — 2326 d.] talent *AB* — 2331-32 *omitted A* — 2339-340 *omitted AB* — 2341-42, 2343-44 *order of couplets inverted AB* — 2344 moult] mon pain *AB* — 2356 Je m'en fis. *AB*; e.] a soignier *A* — 2367 laide] noire *AB* — 2368 Lors s'en alerent *A* — 2374 tost] tant *A* — 2378 si m'en esjouÿ *AB* — 2381 appelle] clame *AB* — 2382 Adont *A* Ad ce mot *B* — 2383 beaulz a. *A* — 2384 *begins with* Qui me dit, *repeated from v. 2383 B* — 2386 dois] scay *AB* — 2387 v.] scay *A* — 2390 a.] veoir *B* — 2403 te fera ton corps (a) aisier *AB* — 2404 Ta char et ton cuer appaisier *A* Ta char, ton corps repaisier *B* —

2414 Hors me meïssent sans demour *AB* — 2418 hors mis] ouvert l'uis *A* — 2420 Et puis lors] Mais moult forment *A* Mais trop fort *B* — 2424 Pour plus tost achever ma v. *AB* — 2434 Plus decevable ne trouvas *AB* — 2444 ses biens *AB* — 2448 hors] sans *A*; r.] saison *B* — 2449 Sans contraincte necessité *A* Sans cogente neccessité *B* — 2450 r. et v. *AB* — 2451 S. raison *A* — 2452 gros ne m. *AB* — 2453 M. ceulz qui Repos c. t. *AB* — 2456 le c. *omitted AB*.

Pages 93-97 2462 C. devoit *A* — 2464 Quant il se veult abandonner *AB* — 2466 R. se n'est par un t. *A* — 2471 trop] repos *AB* — 2473 Qu'il par avant avoit d'ouvrer *AB* — 2476 s'en fait] se fault *A* le fais *B* — 2482 moy *omitted A*; ramentevant *AB* — 2494 sanc *B* — 2504 Comme j'ay eu anuit fort nuictie *A* Com j'eus anuit forte nuitie *B* — 2506 vous *omitted AB* — 2508 t. m'ont nuit *A* — 2511 autre cy *A* autressy *B* — 2522 m'en a m. *AB* — 2523 moult *B* — 2525 en mal fort] faire en (a) mal *AB* — 2534 Ne j. jour n'en partira *AB* — 2539 faire *omitted A* — 2546 moult *omitted A* — 2551 aussy] apréz *A* ore *B*; puis] a *A* — 2560 P. plus tost mon euvre a. *A* — 2561 d. tout] conté *AB* — 2566 Or] Car *AB* — 2574 nulle *omitted AB* — 2576 prenre] mettre *A* — 2577 Nulle c. *AB*; dit *A* — 2578 mesdit *A* — 2603 Car *omitted AB*; d'u.] hors d'un *A* — 2604 de plus grant p. *A* — 2622 R. et venir *AB* — 2624 preu *A* — 2625 Qui le b. filz Dieu p. *AB* — 2626 Et (En) qui pecheurs deporta *AB* — 2631 Ne ja ne *AB* — 2632 Ycy *AB*; veult *A* — 2634 ou de R. *B* — *Explicit A; Cy finist le livre de Povreté et de Richesse B.*

NOTES ON THE TEXT

4–5. Joseph Morawski, *Proverbes français antérieurs au XVe siècle* (Paris: Champion, 1925), 1230; James W. Hassell, *Middle French Proverbs, Sentences, and Proverbial Phrases* (Toronto: Pontifical Institute of Mediaeval Studies, 1982), F156 (with this example). The poem contains no further reference to the proverb, which has marginal relevance to the allegory and narrative.

8–10. A precise biblical reference has not been found, but the thought is expressed in, for example, Proverbs 30. 8, Philippians 4. 11–12, I Timothy 6. 5–11, and in later moral writing, notably by Seneca and Boethius. On the subject of Fortune's mutability, Seneca stressed that it is desirable to have enough money to live without poverty, but just above the poverty line. He recommended the practice of thrift and frugality as the means of turning poverty into wealth (*De Tranquillitate*, VIII, 9–IX, 2, in *Moral Essays*, ed. by John W. Basore, 3 vols (London: Heinemann, New York: Putnam's Sons, 1932), II, pp. 244–45). See also *De Vita Beata*, XXII.1–XXIV.1, in *Moral Essays*, II, pp. 154–61). Probably drawing ideas from ancient ethical discourse, Boethius, in the *Consolatio Philosophiae*, III, proses 2–3, has Philosophia question Boethius on his sense of *sufficientia*, '(self-)sufficiency', defined as freedom from need. She specifies that wealth cannot make a man self-sufficient, lacking nothing, for riches create their own need, in particular need for the help of others (prose 3, §11 and §19). (*Philosophiae Consolatio*, ed. by L. Bieler, Corpus Christianorum Series Latina, 94 (Turnhout: Brepols, 1957), pp. 41–42. Further references are to this edition). See also William J. Asbell, Jr., 'The Philosophical Background of *Sufficientia* in Boethius's *Consolation*, Book III', *Carmina Philosophiae. Journal of the International Boethius Society*, 7 (1998), 1–17.

The notion of *Soffisance* is expressed in medieval moral writing, in the form of proverbs, for example: 'Qui n'a soufisance, il n'a rien' (Morawski, 2013; Hassell, S121, 122; Giuseppe Di Stefano, *Nouveau Dictionnaire Historique des Locutions. Ancien Français — Moyen Français — Renaissance*, 2 vols (Turnhout: Brepols, 2015), II, 1632b SUFFISANCE). Pre-eminently it recurs in the *Roman de la Rose*, ed. by F. Lecoy, 3 vols (Paris: Champion, 1966–1970): 'car soffisance seulement / fet homme vivre richemant' (I, 4947–48); 'tuit cil sunt riche en habundance, / s'il cuident avoir soffisance' (I, 5033–34); 'Ne porquant autresi grant perte / receit l'ame en trop grant poverte / conme el fet en trop grant richece; / l'une et l'autre egaument la blece, / car ce sunt .II. extremitez / que richece et mendicitez. / Li maiens a non soffisance, / la gist des vertuz l'abundance' (II, 11239–46); 'car soffisance fet richece, / et couvoitise fet povrece. /... qui plus couvoite mains est riches' (III, 18535–36, 38); and cf. II, 14586–88. Christine de Pizan's proverb 'Le vray repos ne gist mie en l'avoir / Mais seullement en souffisance avoir' (*Proverbes moraux*, 22) expresses the epitome of *La Voie de Povreté* (*Œuvres poétiques*, ed. by Maurice Roy, 3 vols (Paris: SATF, 1886–1896), III, 48).

51–52. Copyists had two difficulties with this couplet. Some, as in the base MS and in MS New York, Pierpont Morgan, M. 396, omitted v. 52. The verbs *destraindre* and *estraindre* have similar meanings, and *le corps* (52) could be, and was by some copyists, confused with *le cuer* (53). The ending of the rejected reading of the base MS, 'm'estraindy' (51), seems to follow that of the previous rhyme: *m'assailly* : *ne failly* (49–50). In the edition, the reading 'me destraint' and v. 52 have been supplied from the control MS, London, BL, Royal 19. C. XI. Instead of *le corps* (52), MSS Chantilly, Bibl. et Archives du Château, 497 and Paris, BnF, fr. 808, have the word 'le cuer', which is then repeated in v. 53. Translated, the meaning of the edited text is: 'Need gripped me so tightly with his arms that my body was so constrained that my heart almost left me'.

54. *Se parti*, 'joined in, took part' (*DMF* PARTIR 3).

61–62. The copyist wrote and then crossed out 'se desgrouta' in v. 61, copying it again in its correct place (v. 62), rhyming with 'bouta'. It is a graphy of the past tense of the verb *degrocier*, *degroucier*, 'to complain, grumble'.

67–72. Cf. la Vielle in the *Roman de la Rose*, I, 4080–82; II, 12540. She advises Bel Accueil (II, 14517–14695).

85–86. In the base manuscript, the rubric follows v. 86, but logically it precedes and has been repositioned. A few other such instances occur, usually not requiring comment.

111. Hassell, B125; Di Stefano, I, 175b BOISE.

152. Hassell, M246; Di Stefano, II, 1141c MURE.

187. Cf. Di Stefano, II, 1388b PLUIE.

188. Di Stefano, II, 1388a PLIER.

189. Hassell, M230; Di Stefano, II, 1134a MOURIR.

192–93. Hassell, D65; cf. Di Stefano, I, 509b DIABLE.

194. Morawski, 1350, 1909; Hassell, N42; Di Stefano, II, 1181b NOYER.

212–13. Cf. Di Stefano, II, 1699a TORT.

224–37. Cf. *Le Roman de la Rose*, I, 2955–79. In the *Consolatio Philosophiae*, Boethius described Philosophia as a similar majestic figure and defined the power of Reason (I, prose 1 and V, prose 4).

245–46. Di Stefano, II, 1721b TRIACLE; II, 1753b VENIN. In *Le Menagier de Paris*, ed. by Georgine E. Brereton and Janet M. Ferrier (Oxford: Clarendon, 1981), *Amitié* is described as 'ung triacle [an antidote] contre envie' (40, 106, 26; note p. 290).

283–94. On the Seven Deadly Sins, see the Introduction, pp. 12–13. Cf. *Le Roman de la Rose*, II, 9496–9556, where Orgueill (9501–10) is one of the vices forcing Povreté to appear on earth. The traditional number of seven sins is found in Saint Gregory the Great's *Moralia in Iob*, xxxi, 45, but the order has not always been the same. Pride, however, is always the first, and defined as an inordinate love of one's own excellence. Believed to have been the sin of the angels and of the first man, it is denounced throughout the Bible, e.g. Proverbs 16. 18; I Peter 5. 5.

336, 359. Examples of the ending *-ent*, for *-ant*. See Introduction, Linguistic Features, p. 20.

364. The base MS reading *de samiste*, and the control MSS readings *de samite* (A), *de sa miste* (B) have been puzzling. In his edition, Pichon has 'de sa mité', with a note that *mité* is for '*moitié, de son côté*' (p. 10), which does not seem satisfactory. The reading of MS Chantilly, Bibl. et Archives du Château, 497: *de samitie* (fol. 22ʳ) confirmed the hunch that *s'amist[i]é*, 'her circle of friends', fitted the context. See *DMF*, AMITIE A.1 'Ensemble des amis'; A.2 'Ensemble des alliés; parti politique'.

370, 393. *Envie*. Cf. *Le Roman de la Rose*, I, 235–90 (a portrait imitated from Ovid's *Metamorphoses*, II, 775–82; see F. Lecoy's note, p. 273); II, 9504 (with Orgueil, Covoitise and Avarice).

439. Perhaps the qualification of *Ire* as 'le mal tirant' (435) has resulted in the, 3rd person masculine singular pronoun 'le'.

462. In *attrait*, the past participle of *attraire*, from Latin *abstrahere*, 'to pull away', the prefix has the sense of *ab*-, 'from' (*DMF*, ATTRAIRE B. *attrait de*, 'issu de', with analogous examples). Note that the control manuscripts have the reading *extrait*, of more common usage.

483, 505, 515, 520. Many shortcomings can be attributed to Sloth, ranging from indolence and idleness to neglect of devotion and duty to God. See below the note on 890–91.

499–500. Hassell, L68 and L61; Di Stefano II, 965c LION.

512-14. The inclusion of these abstracts among the virtues to combat *Peresse* pre-figures their active role as guides and helpers for the protagonist (1986-96). See Introduction, pp. 11, 14.

530-31, 554-55. *Avarice.* Cf. *Le Roman de la Rose*, I, 197-234 (portrait); II, 9503, 9545 ('Covoitise et Avarice'). In Boethius's *Consolatio Philosophiae*, Philosophia contrasts insatiable avarice with nature, which is satisfied with very little: '... quod naturae minimum, quod avaritiae nihil satis est' (III, prose 3, §19).

532, 556-58. *Convoitise.* Cf. *Le Roman de la Rose*, I, 169-96 (portrait); II, 9503, 9545. Covetousness, inordinate love of possessions and money, is a vice frequently condemned in literature of this period, sometimes with reference to I Timothy 6. 9-10. The rhyme *convoitise : atise* (557-58, 1125-26) is a *lieu commun*.

565-82. Cf. 'Trop est fort chose que Nature, / el passe neïs nourreture' (*Le Roman de la Rose*, II, 14007-08). On the Nature/Nourriture association, see Morawski, 1273, 1328, 1399; Hassell, N35; Di Stefano, II, 1148b NATURE; 1179a NOURRITURE.

585-98, 604. As in the first part of *Le Mesnagier*, Jacques Bruyant divided *Gloutenie* into *Gourmendie* and *Male Bouche*, two vices of the mouth. In *La Somme le Roi*, *Gourmandise* is the seventh sin, and a further, separate chapter (39) is devoted to 'les péchés de la langue' (ed. Brayer et Leurquin-Labie, pp. 11, 53). Male Bouche frequently figures in the *Roman de la Rose*, for example I, 3493-3503, 3551-58; II, 7304-55, 12118-20; III, 21264-66.

602, 635-48. *Yvresse* is depicted in terms of its physical effects, ending in self-afflicted death, 'de soy homicide' [(his) own murderer] (647). The word *homicide* (Latin *homicida*) is first attested *ca.* 1150, but use of the French term *suicide* dates only from 1734. *Felonia de se*, as suicide was named, was considered to be an infirmity, an effect of either physical or mental illness. The impulse was also understood to have an emotional impetus. Here it is the effect of drunkenness, of which other symptoms are defined: trembling hands, premature aging, illness, weakness, and emaciation resulting from a rotting liver. Raison depicted the horror of the sin as a warning. See Alexander Murray, *Suicide in the Middle Ages*, 2 vols (Oxford: Oxford University Press, 1998, 2000), I, 34-40.

649-54. *Luxure.* In the *Roman de la Rose*, *Luxure* is depicted spreading everywhere, including in the monasteries (I, 3588-91).

708. Morawski, 1766; Hassell, O9; Di Stefano, II, 1202c ŒIL; I, 354a CŒUR.

742-84. *Nature.* The law prevents humans from following natural desires and requires partnerships in marriage (*Le Roman de la Rose*, II, 13843-14072).

793–97. Christ's two commandments, as expressed in Matthew 22. 36–40.

802. Hassell S10; Cf. Di Stefano, II, 1272a PARLER.

848. Hassell B185; Di Stefano, I, 211c BRAN; I, 710a FLEUR.

849. Hassell, M107; Di Stefano, I, 327a CHOIX. Cf. vv. 913–14, 1544.

890–91. The Greek *accidie*, 'negligence, indifference', occurs in the Old Testament, but later its meaning changed to convey sadness, and then in Christian asceticism, spiritual torpor and sloth, for which the recommended correction is assiduous prayer.

896. The base manuscript lesson *traue* is difficult to interpret. The copyist might have intended *cravé* for *crevé*, 'broken, cracked', or *traué* for *troé*, 'pierced, with holes'. The lesson of the control manuscripts has been adopted: *cavé*, 'sunken, undermined'. With the reading of Pichon's edition, *encavé* (p. 18), the DMF CAVER gives the meaning 'creux, profond'.

937–1018. Raison discourses on the philosophical notion of Fate, with ideas possibly derived from Boethius's *Consolatio Philosophiae* (III, prose 12; IV, prose 6; V, prose 2) and its commentaries. See John Marenbon, *Boethius* (Oxford: Oxford University Press, 2003), pp. 118–24, 154. Cf. Långfors, 'Jacques Bruyant', pp. 60–61.

1021. Hassell, M40; Di Stefano, II, 1024c MAL.

1083, 2229. *Metre les pens a la sainture*, 'tuck up one's skirts', in order to hurry, to act quickly (Di Stefano, II, 1258c–1259a PAN). Without literal meaning in the first example, the expression is used to urge the dreamer to act.

1098. In MS New York, Pierpont Morgan, M. 396, the following description of the castle follows v. 1098: 'Et passent sans querre autre tour / Parmy le chastel de Labour, / Qui en ce chemin est assis, / Fort et large, grant et massis. / De ce chastel Travail et Paine / Sont chastelain et chastelaine, / Et portier en sont Soing et Cure, / Qui de gens endormis n'ont cure. / A tous ces quatre fault parler, / Qui a Ricesse veult aller, / Et faire vers eulx son devoir / De ce qu'il leur pourroit devoir, / C'est assavoir de leur treu / Qui leur est de leur droit deu' (fol. 218va).

1118. Cf. Di Stefano, II, 1535b ROI.

1143–66. The classic image of Fortune's wheel, which the blind goddess could turn, instantly changing individual good fortune into misfortune, misery and shame, serves to introduce a route to Poverty by way of covetousness or greed. Among possible sources are Boethius's *Consolatio Philosophiae*, II, proses 1–2; *Le Roman de la Rose*, II, 9435–43. See also Tony Hunt, 'The Christianization of Fortune', *Nottingham French Studies*, 38.2 (1999), 95–113; Marenbon, pp. 101–06.

1145. Di Stefano, II, 1252c PAIN.

1148. After 'a ung seul', the copyist wrote the words 'cop sont', struck them out, then wrote 'col tresbuchiés sont'.

1219. Di Stefano, I, 354b-c CŒUR. Cf. Morawski 1568; Hassell A114; Di Stefano, I, 26a AIMER. Without being a perfect match, these aphorisms pursue the theme of love and fear.

1251-1322. Instead of the conventional human-animal dichotomy, the moral attributes of three domestic animals are recommended for the individual's service of his master. Domestic animals are usually thought to help humans, who dominate them and are superior. It is noteworthy that the ass and the cow are herbivorous and the pig, which is never fussy, is omnivorous (Pierre-Olivier Dittmar, 'Le Seigneur des animaux entre *Pecus* et *Bestia*. Les Animalités paradisiaques des années 1300', in *Adam, le premier homme*, ed. by Agostino Paravicini Bagliani, Micrologus Library, 45 (Florence: Sismel, 2012), pp. 219-54 (pp. 240-49)). These simple, clear expressions seem to be popular locutions of which the dictionaries record only these examples and the bestiaries do not offer further explanation. Cotgrave recorded the expression 'à dos d'asne, Ridgill-backed; bowed ... highest in the middle' (Randle Cotgrave, *A Dictionarie of the French and English Tongues* (London, 1611; repr. Hildesheim–New York: G. Olms, 1970), [F 3]^r). See also Richard Barber, *Bestiary, being an English version of the Bodleian Library, Oxford M.S. 764* (Woodbridge: Boydell, 1993), pp. 97-99. The domestic ass or donkey was used to carry burdens before horses were tamed; it was known as a sluggish, senseless beast, tolerating work and neglect. However, in Alain Chartier's *Quadrilogue invectif*, the voice of the people complains: 'Je suis comme l'asne qui soustient fardel importable et si suis aguillonné et batu pour faire et souffrir ce que je ne puis' (ed. by E. Droz (Paris: Champion, 1950), p. 20). Cf. Di Stefano, I, 535b DOS. Di Stefano also records 'avoir oreilles de vache', 'être attentif, obéissant', with this example (II, 1225c OREILLE), and 'avoir groing de pourcel', also with this example and no definition of meaning (I, 818b GROIN). However, for 'porc', the definition 'gros mangeur, paresseux' is given with the example 'l'Asne laborieux ... le paresseux Pourceau (*Sepmaine* VI, 83)' (II, 1418b PORC). Cf. *DMF*, GROIN. See Introduction, pp. 18-19.

In *Pierre Gringore: La Poésie morale, politique et dramatique à la veille de la Renaissance* (Paris: Champion, 1911; repr. Geneva: Slatkine, 1976), Charles Oulmont quoted stanzas from *Le Doctrinal des bons Serviteurs* (in Anatole de Montaiglon, *Recueil de poésies françoises des XVe et XVIe siècles*, 13 vols (Paris: P. Jannet, 1855)), in which the animal images figure. Servants must have: 'Tout premier oreilles de vache, / Groing de porc, dos d'asne aussi./ Servantz, le groing de porc aurez / Qui quiert partout sa pourveance: / Ne mettez point de difference / En cela que vous mengerez. / Servantz, aussi vous fault avoir / Dos d'asnes, qui sont durs et fortz, / Et n'espargnez point vostre corps; ...' (p. 143). The 'oreilles de vache' are not explained. The question remains whether this is derived from Bruyant's example or represents a source he might have had. Given the few attestations known, it was not a *lieu commun* as Oulmont thought.

1288. Di Stefano, II, 1229c OREILLE.

1340-41. The syntax seems convoluted. The protagonist is instructed to believe Raison and pay attention to what she has said. Entendement reinforces this advice with the oath, 'j'otroy c'om me tonde' ('let me be tonsured', or 'by my tonsure'), an assertive expression (Di Stefano, II, 1696c TONDRE), the meaning of which is completed by the hypothesis in vv. 1342-43: if you cease from believing Reason and heeding what she has told you, you will see the evidence.

1346. Di Stefano, II, 1121c MOT.

1394. Cf. Morawski, 1712.

1416. Di Stefano, II, 1374c PLACEBO. The expression 'de *placebo* jouer' means 'to flatter, to use adulation'. It comes from the beginning of the first antiphon in the liturgy of vespers for the dead: 'Placebo domino in regione vivorum', 'I shall please my Lord in the region of the living' (Psalm 114. 9 (Vulgate)). Cf. *Le Roman de Fauvel* (ed. Långfors), v. 618, and note, pp. 122-25. See Långfors, 'Jacques Bruyant', p. 59.

1467-70. The verses seem to be construed as: 'We shall help you totally complete your legal cases and raise you on high, and make your estate grow and abound so much that you will be able to prosper more'.

1488-90. Cf. *Le Roman de la Rose*, I, 1-5: 'Aucunes genz dient qu'en songes / n'a se fables non et mençonges; / mes l'en puet tex songes songier / qui ne sont mie mençongier, / ainz sont aprés bien aparant'. See also *La Voie*, vv. 2561-62.

1599. 'le fol ni seür'. The lesson is clear. It can be taken as *ni* for *ne*, 'and ... not'. In the absence of a negated form of the adjective *seür*, it is usually negated by *pou*, as in 'pou seüre' (v. 172) and in the control manuscripts.

1625-72. Entendement discourses on the paradox of *folie-sagesse* as the main thrust of his argument against Barat. Cf. Seneca's use of the paradox in the context of riches and poverty (*De Vita Beata*, XXVI.1-4, in *Moral Essays* II, pp. 170-71).

1635-37. Cf. Morawski, 2343; Hassell, F153, S7; Di Stefano, II, 1554a SAGE and I, 743 FOU; and Morawski, 790.

1639-44. Cf. Morawski, 2343; Di Stefano, II, 1554a SAGE.

1644–46. The copyist became confused, striking out *folz* and replacing it with *sol* (v. 1644), then writing v. 1646 after v. 1647, striking it out in red ink, finally rewriting it after v. 1648 with a mark for insertion in the correct order of verses.

1652, 1659–60. Cf. Morawski, 2115, 2281.

1717–18. Cf. Hassell, V44 and 48; Di Stefano, I, 342a COCHET, with the example 'il sont comme li cochez qui est sur le cloichier, qui se tourne a touz venz' (*La Somme le Roi*, 56, 383).

1782. Morawski, 1493; cf. 1091, 1106; and Hassell P207.

1822–23. Morawski, 481; Di Stefano, I, 512c DIABLE.

1891. Di Stefano, I, 10b ADAM; cf. Morawski 2435, 'the living'.

2109–13. In the MS the rubric is between vv. 2112–13, in the middle of the sentence. It has been repositioned.

2178–79. This well-known proverb corresponds to the English 'Well begun is half done', as the baker shapes his bread ready for baking. Långfors explained that if a baker, putting his soft-dough bread into the oven, bumps his loaf, which should be round, it will be horn-shaped ('Jacques Bruyant', pp. 55–56, n.1). Morawski, 60; Hassell, P18; Di Stefano, I, 585c ENFOURNER; II, 1250a PAIN, 1252c PAIN, 1253b PAIN.

2200–02. Hassell T60; Di Stefano, I, 517b–c DIEU; II, 1697c TONNER.

2234. The chastelaine is 'simply in her tunic'. Di Stefano, II, 1462c PUR; *DMF* PUR III.B, with similar examples.

2279–82. These verses are particular to the base manuscript. The word *tourne* (v. 2281) is represented by a graphic symbol consisting of O, divided as though by three spokes, with a *t* above, outside the circumference. It resembles the abbreviation for *obiit* from *obire*, 'to go towards, travel, encircle' as well as 'to die' (L.-A. Chassant, *Dictionnaire des Abréviations* (Hildesheim: G. Olms, 1965), p. 117). No trace was found elsewhere in the manuscript of this kind of graphy, except for the drawing of a little heart to represent the word *cuer* in this text.

2288. The lesson 'De moy' (control MS *B*) replaces 'Devant' of the base MS and 'Que' of control MS *A*. It is attested in several other MSS: Chantilly, Bibl. et Archives du Château, 497, fol. 75^r; London, BL, Royal 19. B. IV, fol. 92rb; New York, Pierpont Morgan, M. 396, fol. 225ra.

2293, 2342. The expressions 'ne vaudroit ung ail' and 'ne prisier ung viel fussel' (Di Stefano, I, 768a FUSEAU), indicating something of little value, are less common than 'ne pas valoir (prisier) ung festu' (Hassell, F59; Di Stefano, I, 677c).

2309. The verb 'ratendi', 3 sg. past indicative of *ratendre*, in the sense of 'to pay attention again', is not included in the *DMF (2012)* RATTENDRE. The base MS has, however, several instances of *atendre* (e.g. vv. 257, 608) corresponding to *entendre* in other MSS, as is the case here.

2330–31. Large loaves of bread were transported on the Seine to Paris from Corbeil (now Corbeil-Essonne).

2352–53. The list consists of major wine production regions: Bourgogne in the north-east, Gascogne in the south-west, Anjou in the west, Beaune in the north-east, La Rochelle in the western, Aunis region, and Saint-Pourçain (now Saint-Pourçain-sur-Sioule, north of Vichy) in the Auvergne region, a wine which was highly esteemed in the Middle Ages. Cf. *Le Roman du comte d'Anjou*, vv. 1144–62; *Le Roman de Fauvel*, vv. 431–45; *Le Respit de la Mort*, vv. 134–35. See also Långfors, 'Jacques Bruyant', p. 61, and the Introduction, p. 19.

2354. A reference to drinking for one's health. There is both the equivocal rhyme, *Pourçain : pour sain*, and the wordplay *sain / sein* and *sain*. See Långfors, 'Jacques Bruyant', pp. 56–57, n.1.

2454. Hassell, J19; Di Stefano, I, 897c JOB.

2459, 2480. Hassell, O78; Di Stefano, II, 1233a OREILLE. In v. 2458, this action is referred to as 'ceste enseigne', a sign to impress on the memory the advice given.

2602. Hassell M57; cf. Morawski 486; Di Stefano, II, 1326b PERIL and II, 1024b MAL.

2603–04. Cf. Morawski 486; Di Stefano, II, 1326b PERIL.

Colophon. Translation: Here ends all this; in return for the effort, give me a drink. / Here it ends, here may it end; let the writer go and amuse himself.

APPENDIX

Pierre Gringore, *Le Chasteau de Labour*: A Note on the Structure

Le Chasteau de Labour by Pierre Gringore (*ca.* 1475–1538/39) is a *ré-écriture* of Jacques Bruyant's *La Voie de Povreté et de Richesse*, without acknowledgement of the earlier poem and its author. First printed in Paris in 1499 by Philippe Pigouchet for the bookseller-printer Simon Vostre, it had about fourteen editions between 1499 and 1560, and was translated into English by Alexander Barclay (*ca.* 1475–1552) with at least three editions between 1505 and 1510.[1] This evidence speaks for the extension and popularity of the work.

Following a prologue of seventy-two decasyllabic verses in twelve-lined strophes rhyming *aabaabbccdcd*, the poem continues in octosyllabic verses in eight-lined strophes, rhyming, *ababbcbc*, making a total of 2430 verses. In the edition used here, the text is broken by a series of woodcuts in which the allegorical figures are identified by banners. Sections have initial capitals taking the space of three lines in height, and the beginnings of strophes are marked in the margin. The different voices are indicated by a heading within the text.

Although shorter than *La Voie de Povreté*, the poem conforms overall in structure and development, without addition of new incidents or changes in the order of events.[2] There are few verses corresponding exactly to those of *La Voie*. The following examples illustrate the closeness sometimes discernible:

> Et tant besongnay que j'oÿ
> Cuevrefeu, si fu resjoÿ,
> Car lassés et veinc[us] estoie
> De besongnier, et si sentoie
> L'appetit que on appelle fain. (*La Voie de Povreté*, 2377–81)

> Je besongnay tant que j'ouy
> Cueuvre feu sonner haultement
> De quoy je fus fort resjouy
> Recreant mon entendement
> Mais a moy vint soubdainement
> Ung appetit qu'on nomme fain. (*Le Chasteau de Labour*, 2228–33; [G.1]^r)

---

[1] See the Introduction, note 7, for bibliographical details.
[2] In a 1532 edition of the poem an episode of 532 verses was added (C. Oulmont, *Pierre Gringore: La Poésie morale, politique et dramatique à la veille de la Renaissance* (Paris: Champion, 1911), p. 31).

Occasionally Pierre Gringore showed independence; for example, he changed two of the animal traits from *dos d'asne* and *oreilles de vache* to *oreilles d'asne* and *piedz de cerf*. He brought out the intellectual capacity of Entendement: 'Il faisoit glose sur le texte. / De l'ouir c'estoit grant merveilles' (1102–03; D.iii.^{r}), and attributed to him a statement, which might evoke Pierre Gringore's own aspirations:

> Je compose ville, chasteaulx
> Je fais rommans et comedies
> J'ay fait les sept ars liberaulx
> Et pour passer temps tragedies
> Je fais aussi mille folies
> Je suis d'esperit prouffitable ... (1124–29; D.iii.^{v})

He achieved economy by some compression of detail, mostly perceptible in Raison's first discourse (1072 vv. in *La Voie*, 679 in *Le Chasteau*), although without conspicuous gaps.

Whereas *La Voie de Povreté* is throughout a first-person moral allegory, the author and dreamer/protagonist merging seamlessly after the first ten verses, *Le Chasteau de Labour* has in the central part of the poem seven passages attributed to *l'Acteur*, 'the Author', with a consequential change from the first person to the third person in reference to the protagonist, who is described by *l'Acteur* as the 'povre gisant a l'envers' (1157; D.iiii.^{r}) and repeatedly called 'le povre homme'. *L'Acteur* is an observer, without intervention in events, from the point where Entendement has concluded his first discourse, before Barat appears, to the point where the protagonist is led into the castle by the gatekeepers, Soing and Cure. The passages vary in length from one to three strophes, with one extending to eight strophes. They occur particularly where the protagonist is reflecting on what he has heard and on the choice he is to make. They also serve to introduce new allegorical figures as they come into sight (Barat, Raison (as she re-appears), Bon Cueur, Bonne Volenté, Talent-de-bien-faire), to report what has been said (the protagonist's homage), and to describe the protagonist's departure with his escort. It is a transition and commentary device Gringore has adopted to add variety to the narrative and to introduce an affective aspect. Although Gringore omits the brief and slightly ironic exchange between Raison and the protagonist on the latter's silence (*La Voie*, 1928–54), *l'Acteur* has one or two individual touches, such as downplaying the homage: 'Et dist ces motz ou les semblables' (1753; F.i.^{r}), and commenting that to welcome the protagonist, Soing spoke 'comme ung homme humain ... En parlant ung langaige doulx' (1980, 1984; G.i.^{r}).

In addition to these seven passages, *l'Acteur* assumes a more conventional function at the end of the poem, presenting a strophe with Gringore's name as an acrostic and the *explicit*. The participation of *l'Acteur* in the development of the thought is, however, a significant structural innovation on Gringore's part.

TABLE OF PROPER NAMES

Note: The Proper Names have been divided into two categories. The first includes the names of people and places; the second lists the allegorical figures and personifications. Not all instances of repeated use are listed, nor those of abstract terms that are not personified.

I. People and Places

Adam, 1891, 'd'Adam nés', the living.
Angevin, 2352, Anjou.
Beaune, 2353, Beaune.
Bourgongne, 2352, Burgundy.
Corbueil, 2331, now Corbeil-Essonne.
Dieu, 251, 550, 730, etc., 2614, 2623, 2625, God; **Dieu, mon Pere**, 795, God, my Father.
France, le Roy de, 1118, the King of France.
Gascongne, 2352, Gascony.
Job, 2454, Job (of the Old Testament).
Mere, 294, Mother (of God).
Pere, mon Pere, 264, 293, 795, 1759, 1763, 1910, my Father, God.
Rochelle, 2353, La Rochelle.
Sainte Ecglise, 714, Holy Church.
Saint Poursain, 2353, now Saint-Pourçain-sur-Sioule.
Vierge, 265, 2624, the Virgin Mary.

II. Allegorical Figures and Personifications

Abstinance *s. f.* 628: Abstinence.
Accide *s. f.* 891: *Accidia*, Sloth.
Amitié (Vraie) *s. f.* 388: (True) Friendship.
Amour *s. f.* 1214, 1217: Love; **Bonne Amour** 1220: Good Love; **Folle Amour** 677, 680: Foolish Love.
Annemitié *s. f.* 375: Enmity.
Apertetey *s. f.* 511: Intelligence, Cleverness.
Attrempence *s. f.* 422, 763: Restraint.
Aumosne *s. f.* 549: Almsgiving.
Avarice *s. f.* 530, 554, 555: Avarice.

Table of Proper Names

Barat s. m. 1363, 1367, 1551, 1557, etc. 1703, 1714, 1909, 1918, 2523: Fraud.
Besoing s. m. 35, 49, 147, 2510: Need.
Bobence s. f. 339: Conceit.
Bon Cuer s. m. 512, 1986, 1995, 1999, 2038, 2128, 2185, 2250, 2358, 2537: Kind Heart.
Bonne Volanté (Volenté, Voulanté, Voulenté) s. f. 389, 512, 1986, 1996, 2054, 2084, 2132, 2185, 2250, 2358, 2537: Good Will.
Bon Regart s.m. 719: Fair Gaze.

Casteté s. f. 685: Chastity.
Cavilicion s. f. 538: Guile, Scheming.
Charitey s. f. 543: Charity.
Concherie s. f. 535: Trickery, Deception.
Concorde s. f. 387: Concord.
Conscience s. f. 390: Conscience.
Contemplacion s. f. 346: Contemplation.
Convoitise s. f. 532, 557, 562, 1125, 1175: Covetousness.
Coreccion s. f. 424: Correction.
Couardie s. f. 899: Cowardice.
Cruaulté s. f. 408: Cruelty.
Cuer Failly s. m. 489: Faint Heart.
Cure s. f. 513, 2165, 2191, 2207, etc. 2460, 2465, 2544, 2557, 2609: Concern.

Debonnaireté s. f. 416, 430: Good Nature.
Decepcion s. f. 537: Deception.
Derision s. f. 337: Derision.
Desconfort s. m. 153, 177, 2513: Distress.
Desdaing s. m. 338: Disdain.
Desesperance s. f. 176, 221, 249, 2513: Despair.
Desir s. m. 670: Desire; **Ardent Desir** 725: Ardent Desire; **Fol Desir** 770: Foolish Desire.
Despit s. m. 338: Resentment.
Desprisier s. m. 340: Contempt.
Destinee s. f. 938, 951, 965, 978, 987, 992, 996, 1007, 1014, 1017: Fate, Destiny.
Desverie s. f. 411: Frenzy.
Detraccion s. f. 374: Detraction.
Devocion s. f. 345: Devotion, Piety.
Diligence s. f. 511, 871, 911, 1026, 1088, 2033, 2071, 2087, 2094, 2102, 2615: Diligence.
Discrecion s. f. 423: Discernment.
Disette s. f. 40, 59, 148, 2511: Scarcity.
Douceur s. f. 347, 421: Gentleness.

Table of Proper Names

Droit *s. m.* 1617: Right.

Enguignement *s. m.* 537: Cunning.
Entendement *s. m.* 1330, 1351, 1567, 1679, 1685, 2529: Understanding.
Envie *s. f.* 370, 393: Envy.
Esragerie *s. f.* 410: Rage.
Estableté *s. f.* 422: Constancy.
Equité *s. f.* 348: Equity.

Faintisse *s. f.* 487: Pretence.
Faulx Samblant *s. m.* 374: False Semblance.
Faulx Traityét *s. m.* 533: False Dealing.
Fausseté *s. f.* 373: Falsehood.
Felonnie *s. f.* 410, 443: Treachery, Wickedness.
Fermeté *s. f.* 686: Resolution.
Fetardie *s. f.* 486, 900: Indolence.
Fierté *s. f.* 339: Arrogance.
Fol Cuidier *s. m.* 722: Foolish Belief.
Folle Amour *s. f.* 677, 680: Foolish Love.
Follement Regarder *s. m.* 692: Foolish Gazing.
Folle Cogitacion *s. f.* 693: Foolish Thought.
Folle Plaissance *s. f.* 667, 723, 740: Foolish Pleasure.
Fol Regart *s. m.* 655, 720, 728: Foolish Gaze, the archer.
Forcenerie *s. f.* 409: Fury.
Fortune *s. f.* 1149, 1155, 1612: Fortune.
Foy *s. f.* 383: Faith.
Franchise *s. f.* 346: Magnanimity.
Fraude *s. f.* 538: Fraud.
Friendise *s. f.* 601: Eager Appetite, Greed.

Gloutenie *s. f.* 585, 592, 595, 604, 619: Gluttony.
Gourmendie *s. f.* 599: Gourmandise.

Hastiveté *s. f.* 612: Rashness.
Haÿne *s. f.* 372: Hatred.
Hoquelerie *s. f.* 1366, 2528: Swindle.
Humilité *s. f.* 345, 357, 363: Humility.

Ire *s. f.* 418, 426, 429, 435, 437, 441, 445: Anger.

Justice *s. f.* 348: Justice.

Labour *s. f. and m.* 2210, 2548: Work; **chastel de Labour** 2161, 2543: castle of Work.
Lacheté *s. f.* 487: Cowardice.
Larecin *s. m.* 536: Larceny.
Largesse *s. f.* 548: Generosity.
Lescherie *s. f.* 602: Debauchery.
Loiauté *s. f.* 1838: Loyalty.
Lopinerie *s. f.* 601: Greediness.
Luxure *s. f.* 649: Lust.

Male Bouche *s. f.* 375, 609: Evil Tongue.
Malice *s. f.* 535: Malice.
Maugrëerie *s. f.* 611: Slander.
Mesdit *s. m.* 611: Calumny.
Meseur *s. m.* 43: Misfortune.
Mesure *s. f.* 447, 761, 780, 785, 1594: Moderation.
Misericorde *s. f.* 388: Mercy.
Murtre *s. f.* 373, 536: Murder.

Nature *s. f.* 565, 572, 577, 759, 773, 779: Nature.
Necessité *s. f.* 38, 54, 148, 2510: Necessity.
Negligence *s. f.* 488: Negligence.
Nisseté *s. f.* 488, 901: Silliness.
Nonchailloir *s. m.* 489: Nonchalance.
Norriture *s. f.* 582: Education.

Oiseuse *s. f.* 487: Idleness.
Orgueil *s. m.* 335, 353, 365: Pride.
Oultraige *s. f. and m.* 602: Excess.
Oultrecuidance *s. f.* 340: Effrontery.

Pacience *s. f.* 423: Patience.
Pais *s. f.* 387: Peace.
Paour de Dieu *s. f.* 347: Fear of God.
Parseverance *s. f.* 872, 2616: Perseverance.
Pautonnerie *s. f.* 612: Depravity.
Peinne *s. f.* 2168, 2227, 2237, 2269, 2291, 2547, 2617: Trouble.
Pensee *s. f.* 72, 87, 149, 665, 2512: Anxiety.
Per(r)esse *s. f.* 483, 505, 520, 890, 923, 1029, 1162, 2437: Sloth.
Perversité *s. f.* 409: Perversity.
Pitié *s. f.* 347: Pity.
Povreté *s. f.* 42, 902, 925, 1043, 1163, 2026, 2634: Poverty.

Presumpcion *s. f.* 338: Presumption.
Raison *s. f.* 234, 243, 245, 247, 251, 1333, 1378, etc. 2002, 2011, etc. 2429, 2440, 2478, 2530, 2532: Reason; **Raison la sage** 1323, 1980: Wise Reason; **Raison, la bonne et la sage** 2517, 2532; **Raison la folle** 1373: Foolish Reason.
Rapine *s. f.* 533: Pillage.
Refrainte *s. f.* 424: Restraint.
Regart *s. m.* 690, 699, 703, 711, 729, 731: Gaze; **Bon Regart** 719: Fair Gaze; **Fol Regart** 655, 720, 728: Foolish Gaze.
Repos *s. m.* 2390, 2402, 2409, 2433, 2436, 2463, 2466, 2469, 2486: Respite.
Richesse *s. f.* 198, 547, 855, 862, 874, 877, 924, etc. 2021, 2152, 2438, 2619, 2622, 2630, 2634: Riches; **manoir de Richesse** 840: home of Riches; **chastel de Richesse** 2425: castle of Riches.
Roberie *s. f.* 536: Robbery.

Simplesse *s. f.* 348: Simplicity.
Sobrieté *s. f.* 629: Sobriety.
Soing *s. m.* 514, 2163, 2191, 2207, 2216, etc. 2361, 2368, 2412, 2418, 2433, 2459, 2468, 2481, 2544, 2557, 2609: Care.
Soucy *s. m.* 94, 118, 125, 130, 135, 140, 149, 2512: Worry.
Souffisance *s. f.* 548, 1107, 1117, 1883, 2627, 2629: Sufficiency.
Souffrance *s. f.* 421: Tolerance.
Souffrette *s. f.* 39, 59, 147, 2511: Privation.
Souvenir *s. m.* 661: Remembrance.
Suppediter *s. m.* 339: Crush, Walk-over.
Surdit *s. m.* 611: Slander.

Talent-de-bien-faire *s. m.* 513, 1994, 2064, 2090, 2097, 2125, 2187, 2251, 2359, 2539: Intent-to-do-well.
Traïson *s. f.* 373: Betrayal.
Travail *s. m.* 2168, 2294, 2383, 2551: Toil.
Tricherie *s. f.* 1365, 2527: Trickery.

Unité *s. f.* 390: Unity.
Usure *s. f.* 533: Usury.

Verité *s. f.* 389: Truth.
Vraie Amitié *s. f.* 388: True Friendship.

Yvresse *s. f.* 602, 635, 637, 641: Drunkenness.

GLOSSARY

The Glossary contains the terms which might be difficult to interpret. It includes a limited number of instances of terms which recur. In general, verbs are given in the infinitive. The main reference sources are: *Dictionnaire du Moyen Français (DMF 2012)*, <http://www.atilf.fr/dmf>, ATILF-CNRS & Université de Lorraine; Di Stefano, Giuseppe, *Nouveau Dictionnaire Historique des Locutions. Ancien Français — Moyen Français — Renaissance*, 2 vols (Turnhout: Brepols, 2015).

Abbreviations

adj.	adjective
adv.	adverb
conj.	conjunction
f.	feminine
ind.	indicative
inf.	infinitive
loc.	locution
m.	masculine
p. p.	past participle
pr. p.	present participle
pl.	plural
pron.	pronoun
s.	substantive
sg.	singular
subj.	subjunctive
v.	verb
v. i.	intransitive verb
v. r.	reflexive (pronominal) verb
v. tr.	transitive verb

aatie *s. f. fight, hostility*: 969.
abuser *v. r. deceive o. s.*: 334.
achally *adj. insensible, stupefied*: 880.
acorre *v. i. come running*: 350, 775.
acouster *v. r. lean forward*: 1325; *draw near*: 2500.
acoustumance *s. f. custom*: 277, 287.
acquester *v. t. procure*: 1524.
acrampeli *p. p. cowering, huddled*: 1047.

acroire *v. t. buy on credit*: 1442; *trust, depend on*: 1550; **faire acroire** *make sth believed*: 1487.
acroistre *v. r. increase, grow greater*: 1470.
acteur *s. m. author, i.e. narrator/protagonist*: pp. 82, 83, 84 etc., rubrics.
adresse *s. f. direction, path*: 856, 910, 1072, 1085, 1105.
adresser *v. i. arrive at, reach, lead to*: 909, 2629; *v. t. direct*: 1086.
advenant *pr. p. as s. m.* **a leur advenant** *to their liking*: 1477. See **avenant**.
advers *adj. unfriendly*: 1239.
adviser *v. r. think about, consider*: 823.
advoer *v. t. acknowledge*: 2580.
aerdre *v. r. hold to, cling to*: 1786, 2046.
aferir *v. i. to be appropriate (to)*: 1988.
afoller *v. t. make mad, deceive*: 1374, 1566.
agencer *v. t.* **agencer en tout honneur** *honour appropriately*: 1087.
ahan *s. m. effort, pain*: 2406.
ainsois *adv. rather*: 865.
aïr *s. m.* **par grant aïr** *fiercely, furiously*: 45.
aise *s. f.* **estre (a) aise** *be comfortable*: 594, 1165.
aisement *s. m. comfort, enjoyment*: 1407.
aisier, asier *v. t. put at ease, comfort, satisfy*: 2393, 2404, 2556.
aissance *s. f. gratification*: 724.
alachir *v. r. relax, grow slack*: 2278.
alainne *s. f.* **a grant alainne** *at full speed*: 2226.
alantir *v. i.* **sans alantir** *unrestrainedly, without reserve*: 1484.
aleüre *s. f.* **grant aleüre** *speedily*: 2192, 2230.
aloier *v. r. be associated, allied with*: 326.
alouvi *adj. ravenous*: 590.
amati *p. p. as adj. dejected*: 1156.
amender *v. t. rectify, correct*: 1208.
amer *s. m. bitterness*: 1252.
amesureement *adv. moderately, with restraint*: 451.
amesurer *v. r. moderate, restrain o. s.*: 446.
amist[i]é *s. f. group of friends*: 364. See Notes, p. 106.
amonester *v. t. advise, instruct*: 2420.
anichiller *v. t. destroy*: 1593.
anoy *s. m. trouble*: 178.
anuier *v. t. molest, harass*: 2508.
a(n)traper *v. t. catch, snare*: 491, 492.
anuitie *s. f. night time*: 2504.
anuitier *s. m. inf. subst. nightfall*: 2551.
apaisier *v. t. placate, please*: 1441.
aparullier *v. t. prepare*: 2369 (for the usual graphy **apareillier**).

apert *adv. en apert openly, clearly*: 592.
apertement *adv. skilfully, properly*: 2081.
apetit *s. m. desire, eagerness*: 1308.
aplanier *v. t. flatter*: 1521.
aplegier *v. t. pledge*: 2259.
apointier *v. r. prepare o. s.*: 1922.
apouier *v. r. place one's trust in*: 304.
appaier *v. t. satisfy*: 2264.
aprendre (a) *v. t. be accustomed (to)*: 2242.
araisonner *v. t. speak, address*: 1999.
arroy *s. m. attire*: 229.
artilleux *adj. skilful, cunning*: 476.
asiement (for **aussiment**) *adv. also, likewise*: 876.
assovir *v. t. satisfy*: 589.
asne *s. m. ass, donkey*: 1259, 1272.
assaudre *v. t. assail, attack*: 314.
assener *v. t. guide, direct*: 2144; *v. i. reach, attain*: 2019.
assens *s. m. consent; purpose*: 2067.
astinence *s. f. abstinence*: 2051.
asvanouir *v. r. disappear*: 1971.
atente *s. f. expectation, hope, goal*: 1176.
atiser *v. t. excite, inflame*: 558, 1126, 1805.
atourné *p. p. as adj. ready, prepared*: 2096.
atourner *v. t. act towards, deal with*: 108, 927.
atout *prep. with*: 391.
atrempeement *adv. with moderation*: 1369.
attrait (de) *p. p. attraire coming from*: 462. See Notes, p. 106.
aümbrer *v. r. hide, conceal o. s.*: 1852.
aüner *v. t. assemble, amass*: 1611.
avenant *pr. p. as s. m.* **a l'avenant** *appropriately*: 1185.
aventureux *adj. chance, accidental*: 312.
averiseux *adj. avaricious, greedy*: 586.
avisé *p. p. as adj. knowledgeable*: 235.
avoyer *v. t. lead*: 1076.
aÿe *s. f. aid, support*: 344.
aÿrier *v. r. become angry*: 436, 442.

bacin *s. m. basin*: 2322.
balence (en) *s. f. at risk, in the balance*: 1874.
baniere *s. f. standard, banner*: 343, 408, 425, 521, 539.
bault *adj. cheerful*: 1429.
bëance *s. f. desire, aspiration*: 2134.

bec a bec *s. m. face-to-face*: 2495.
besoingnier *v. i. toil, work*: 2222, 2303, 2305.
besongne *s. f. work*: 2309.
biens *s. m. pl.* la dame de vos biens *your good lady*: 2137.
bise *s. f. north wind*: 187.
blaffart *adj. weak, feeble*: 113, 1519.
blanc *adj. clean*: 2236.
boise *s. f. piece of wood, log*: 111.
boussu *adj. hunchbacked, deformed*: 89.
boucler *s. m.* jeu du boucler *jousting*: 815.
bouillon *s. m. bog*: 896.
braire *v. i. shout*: 2089.
bran *s. m. bran*: 848.
brochier *v. t. jab, pierce*: 380.
brouet *s. m. soup, stew*: 456.

capitainne *s. m. captain, leader*: 527, 530, 650.
cauteux *adj. cautious, wily*: 1510.
cavé *p. p. as adj. sunken, undermined*: 896. See Notes, p. 108.
chaitif *adj. miserable, wretched*: 110, 161, 168, 1372, 1375, 1539.
charge *s. f. load*: 1273.
chassieux *adj. rheumy, runny-eyed*: 91.
chastoy *s. m. advice*: 1711.
chaut *adj. eager, keen*: 2086.
chemise *s. f. undertunic, shift*: 2235.
chetiveté *s. f. misery*: 1077.
chevance *s. f. livelihood, possessions*: 1180, 1449, 1505, 1507.
chevir *v. r. manage, get by*: 5, 1379.
chevissance *s. f. sustenance, necessities of life, such as goods and riches*: 7, 1382.
chevetain *s. m. leader*: 370.
chiche *adj. mean, miserly*: 1389, 1425.
chief *s. m. article, principle*: 290; *leader*: 483; *head*: 640.
chois *s. m.* estre a chois *be free to choose*: 849, 913, 1544.
clos *s. m. pl. nails*: 1873.
cochet *s. m. weathercock, weathervane*: 1718.
coi *adj. quiet, silent*: 495.
coiffe *s. f. hat, bonnet*: 1359.
coitier *v. t. urge, spur on*: 1130.
col *s. m. neck;* a col estandu *at full speed, unreservedly*: 2363.
comperer *v. t. pay for*: 1760.
complice *s. m. companion*: 1955.
conchier *v. t. deceive*: 1436.

conduiseur *s. m. leader, guide*: 585.
conduit *s. m. retinue, band*: 600.
congregacion *s. f. community*: 391.
conjoncion *s. f. sexual intercourse*: 747.
connestable *s. m. commander*: 543.
connestablie *s. f. troop, company*: 545, 551.
conroy *s. m. arrangement, style*: 1405; **se mettre en conroy** *prepare o.s.*: 2219.
contemp *s. m. quarrel, dispute*: 1244.
contenir *s. m. inf. subst. behaviour, conduct*: 2337.
contraire *s. m. or f. conflict*: 907.
contrarieté *s. f. opposition*: 1666.
contrepanser *v. t. think the opposite*: 1348.
contrester *v. t. and i. oppose, resist*: 959, 974, 991.
convenance *s. f. agreement*: 1721.
convenancier *v. t. promise, pledge*: 1722.
convoier *v. t. lead, guide*: 857.
convoiteux *adj. covetous*: 1127.
convoitier *v. t. covet, desire*: 1129.
copulacion *s. f. copulation*: 765.
cornu *adj. of uneven shape*: 2179.
costé *s. m. side*: 1326.
coste *s. f. tunic*: 2234.
couardie *s. f. cowardice, faint-heartedness*: 485.
couars *s. m. coward*: 496.
couleur *s. f. complexion*: 134.
courageux *adj. impulsive, capricious*: 1193.
courbé *adj. stooped*: 1047, 1161.
couroucié *p. p. as adj. angry, vexed*: 2036.
cours (le) *adv. immediately, rapidly*: 355.
couvine *s. m. terms, conditions*: 371, 1554.
crasseux *adj. greasy, filthy*: 90.
cravanter *v. t. crush*: 2516.
crëance *s. f. belief, religious faith*: 1767, 1884, 1886.
crëanter *v. t. promise*: 2186.
croire *v. t. trust, listen to the advice of*: 2245.
cuer (de) *adv. willingly*: 302; **de cuer fin** *with all your heart*: 327.
cuevrefeu *s. m. curfew*: 2370, 2378.
cul *s. m. backside*; **traire le cul ariere** *withdraw, turn away*: 1732; **tourner le cul a** *turn one's back on, refuse*: 2438; **de cul et de pointe** *from top to bottom, with all one's might*: 2375.

darain (au) *adv. finally, in the end*: 1563.
debat (mettre) *s. m. resist*: 1006.

deceveor *adj. deceitful*: 1574.
decliner *v. i. turn away from*: 774.
deffaire *v. t. undo*: 980.
defrire *v. i. become agitated*: 130.
delayer *v. i. defer*: 2366.
delivre (a) *adv. freely, completely*: 1788.
demainne *s. m. lordship, power*: 2167; **domenne** *demesne*: 2618.
demanter *v. i. grieve, lament*: 159.
demener *v. t. handle, treat*: 58.
dement *s. m. worry*: 1352.
demie *s. f. (+ neg.) little, none*: 1632, 1844.
deporter *v. r. remain*: 242; *v. t. manage, spare s. o.*: 1278.
deprier *v. t. entreat*: 325.
derrïen *adj. last, final*: 1503.
desbareté *p. p. as adj. defeated, overwhelmed*: 1044, 1164.
deschaus *adj. barefoot*: 1045.
desciré *p. p. as adj. torn*: 2047.
desconfit *p. p. as adj. defeated, downcast*: 1164.
desconter (sans) *adv. totally, absolutely*: 440.
descoutumer *v. r. renounce, give up the habit*: 280.
descouvert (a) *adv. openly*: 1863.
desdire *v. t. oppose, contradict*: 1597.
deservir *v. t. merit*: 303.
deservir *s. m. inf. subst. disservice, harm*: 958.
desesperey *s. m. despair*: 184.
desgrouter *v. r. complain, grumble*: 62. See Notes, p. 105.
desireux *adj. anxious*: 28.
desnourir *v. r. become thin*: 645.
despire *v. t. scorn*: 1322.
despit *s. m. contempt*: 1310.
despiteux *adj. disdainful, scornful*: 274, 276.
despitier *v. t. scorn, hold in contempt*: 1826.
desploiier *v. t. unfurl*: 343.
desraison *s. f. what is unreasonable, wrong*: 1975.
desraubeur *s. m. robber*: 1576.
desriulé *p. p. as adj. in disarray*: 782.
desrivé *p. p. as adj. flooded*: 1039.
dessoubz (mettre au dessoubz) *v. t. get the upper hand of, overcome*: 507, 509.
dessus *s. m. the upper hand, dominance*: 497, 498, 506.
destraindre *v. t. press closely*: 51.
destravé *p. p. as adj. rutted*: 895.
desvoier *v. r. go astray*: 1678.

devers (par devers) *prep. in the keeping of:* 1424.
devier *v. i. die:* 1772.
deviner *v. t. conjecture:* 722.
devise *s. f.* **a sa devise** *as one wishes:* 865; **a grant devise** *fully, completely:* 1651.
deviser *v. t. explain:* 824.
diffame *s. f. or m. shame, dishonour:* 1984, 2490.
doit *s. m. finger:* 1009.
dommage *s. m. harm:* 485.
dongier *s. m. difficulty, objection:* 1305.
dongereux *adj. hard to please, fussy:* 1318.
doubter *v. t. fear:* 448.
doubteux *adj. afraid:* 240.
droit (a) *adv. rightly, truly:* 1190.
droiture *s. f. justice:* 1593.
dur *adj. firm:* 2279.

emparlé *adj.* **bien emparlé** *eloquent, loquacious:* 1562.
empirier *v. i. become worse:* 398.
enbesongnié *p. p. as adj. busy, occupied:* 2116.
enchargier *v. t. impose, set:* 1558.
enclin *adj. subject to:* 773; *bowed:* 1845.
encliner *v. i. submit to, be subservient to:* 1846.
encourper *v. t. accuse, condemn:* 568.
enditier *v. t. instruct:* 2016.
enflemner *v. r. catch fire:* 443; *v. t. kindle, inflame:* 1126.
enfourner *s. m. inf. subst. putting in the oven:* 2178.
engagier *v. t. pledge, pawn:* 166.
engaingnier *v. r. get angry:* 1295, 2573.
engenreüre *s. f. offspring:* 752.
engigneux *adj. clever, subtle:* 1510.
engoisse *s. f. anxiety:* 887.
engoisser *v. t. torment, distress:* 888.
engouler *v. t. devour:* 1142.
engronnié *p. p. as adj. grumpy, surly:* 2115.
ennuit *adv. last night:* 2507.
enpenser *v. t. reflect on:* 1372, 1493.
enragié *adj. mad, wild:* 173.
ensaingne *s. f. indication, sign:* 2458, 2479.
ensivre, ensuire *v. r. follow on, ensue:* 1003; *v. t. follow example of, carry out:* 1591, 1787.
entalenté *p. p. as adj. desirous, willing:* 1698.
entalenter *v. t. inspire, motivate:* 220.

entent *s. m. mind, thought*: 1345.
envers *prep. compared with*: 1123.
envoisier *v. r. take pleasure in*: 112.
eraument *adv. immediately*: 1082.
errant *adv. immediately, quickly*: 67.
esbatre *v. r. amuse o. s.*: 31.
eschevelé *adj. dishevelled*: 175.
escheoir *v. i. and impers. happen*: 1067.
eschier *s. m. tinderbox*: 2606.
eschiver *v. t. avoid*: 308, 1074, 1082, 1178.
escient *s. m. knowledge*; **par le mien meïsmes escient** *by my very word*: 1630; **en escïent** *knowingly, wittingly*: 919.
escremie *s. f. fencing; here with figurative meaning, to ruse, use malice*: 814.
escu *s. m. shield, protection*: 1898.
esmay *s. m. alarm, fear*: 22, 144, 2270.
esmayer *v. t. frighten, dismay*: 140, 141.
especial *adj. particular, individual*: 1422.
espoir *adv. perhaps*: 934.
espondre *v. t. explain*: 1667.
esprins *p. p. incited*: 1598.
esprouver *v. t. put to the test, prove*: 2015.
essoingnier *v. r. excuse o. s.*: 2356.
essongne *s. f. deferment*: 2310.
estable *adj. steadfast, certain*: 1706.
estableté *s. f. constancy*: 1720.
estat *s. m. position, status, rank*: 1377, 1395, 1414, 1469.
estout *adj. arrogant*: 1482, 1512.
estraindre *v. t. clasp, grip*: 52, 57; **les dans ... estraindre** *clench, grit one's teeth*: 181. See Notes, p. 105.
estrange *adj. unusual, unfamiliar*: 1265, 2351.
estrangier *v. t. remove*: 1266.
estre *s. m. way of life, situation*: 870.
estrie *s. f. witch*: 70.
estriver *v. i. resist*: 307; *quarrel, argue*: 1738.
eure (en l'eure) *adv. all at once*: 384, 2037.
evident (tout) *adv. quite plainly, obviously*: 574.
exposer *v. t. explain*: 1258.
exposicion *s. f. explanation*: 1269.

faille *s. f.* **sans faille** *without fail, certainly*: 1586, 1783.
faillir *v. i. cease*: 255; *fail*: 256.
faindre *v. i. be indolent*: 2288.

fait *s. m. burden*: 1273.
fallace *s. f. deceit;* **sans fallaches** *certainly, incontestably*: 1284, 2140.
fëaulté *s. f. fealty*: 1723.
fel *adj. wicked*: 1194.
ferrant *adj. grey*: 68.
ferré *adj. metalled*: 2105.
festier *v. i. celebrate*: 1522.
festu *s. m. straw; with negative, not a jot*: 1927.
finement *adv. finally*: 1765.
finement *s. m. end, death*: 1766.
flajoler *v. t. flatter*: 1565.
flatir *v. t. cast down, throw to the ground*: 1155.
flestri *p. p. as adj. withered*: 69.
flesvesse *s. f. weakness*: 644.
fleur *s. f. fine flour*: 848.
foirié *s. m. festivity*: 16.
fois (**tel fois que**) *conj. even though*: 2041.
forfaire *v. t. be guilty of*: 1870.
fortuneux *adj. precarious*: 1174.
fourfait *s. m. wrong*: 1869.
fournier *s. m. baker*: 2179.
fourré *p. p. as adj. trimmed with fur*: 1359, 1477.
fourvoient *pr. p. as adj. wrong*: 1174.
fremir *v. i. shake, tremble*: 105.
froncié *p. p. as adj. wrinkled*: 89.
fussel *s. m. small piece of wood; with negative, not a jot, nothing*: 2342.

gaige *s. m. security*: 166.
gaignon *s. m. mastiff, cur*: 342.
garder *v. t. heed, pay attention to*: 1190.
generacion *s. f. procreation*: 766.
genoulz, a nuz genoulz *on bare knees, to swear homage and faith*: 1964.
geu parti *s. m. alternative*: 1556; **le gieu si parti** *the choice so posed*: 1559.
glorifience *s. f. glorification*: 948.
graisse *s. f. fat*: 134.
gré (de, en) *s. m. willingly*: 1052, 1066, 1314.
groing *s. m. snout*: 1263, 1303, 1312.
groncier, groucier *v. i. complain, grumble*: 432, 464, 1203.
guerrot *s. m. arrow shaft, bolt*: 670.

hahan *s. m. effort*: 2400, 2406.
haissier *v. t. encourage, exhort*: 1917.

Glossary

129

hart *s. f. noose, rope*: 886.
haussage *s. m. arrogance*: 315, 1310.
have *adj. dark, gloomy*: 175.
heu *p. p. avoir, to have*: 482, 2406.
hide *s. m. or f. fear, horror*: 648.
hoit *3 sg. pres. ind. haïr, to hate*: 454.
homicide *s. m. murderer*: 647. See Notes, p. 107.
humiliable *adj. humble, modest*: 830.

jangler *v. i. argue*: 47.
jor ne demy *loc. (for) a day or half a day*: 440.
justicier *s. m. judge*: 1735; *v. t. administer justice*: 1736.

laidengier *v. t. insult, upbraid*: 1286, 1391.
laidure *s. f. shame, ignominy*: 2280.
las *s. m. snare, clutches*: 131, 741, 1540, 1625.
lay *adj. lay*: 890.
lobe *s. f. flattery*: 1485.
lobeur *s. m. flatterer*: 1575.
logicien *s. m. logician*: 1607.
los *s. m. reputation*: 1800.
louier *s. m. payment*: 331.
lourdement *adv. rudely, churlishly*: 58, 452, 2117.
loy *s. f. justice*: 1394.

main *adv. in the morning*: 738.
mains jointes *s. f. pl. with clasped hands, as part of swearing homage*: 1921, 1963.
mais que *conj. provided that*: 324, 352, 379.
maisgnie *s. f. household, company*: 1704.
maïsté *s. f. majesty*: 232.
malbailly *p. p. as adj. in a sorry plight, mistreated*: 490.
maltaillié *p. p. as adj. misshapen*: 88.
mander *s. m. inf. subst. summons, bidding*: 1404.
manïer *v. t. handle (badly)*: 46.
margouler *v. t. bruise, batter*: 81.
mater *v. t. overcome, defeat*: 1461.
matines *s. f. pl. matins*: 2422, 2559.
matte (chiere) *s. f. (with a) sorrowful countenance*: 495.
meller *v. r. become involved*: 1198.
menagier *s. m. householder*: 165.
meniere *s. f. manner, way of behaviour*: 2337.
menre (le) *s. m. the least*: 1784.

mesaise *s. m. or f. trouble, difficulty, discomfort*: 79, 80, 104, 214.
mescheoir *v. i. and impers. come to grief, be unfortunate*: 1068.
mescointe *s. m.* **faire le mescointe** *show lack of experience or skills*: 2376.
mesconter *v. t. miscalculate, dupe*: 1443.
meserrer *v. r. err, be wrong*: 208.
mesprenture *s. f. failure*: 2289.
mestier *s. m. skill, service*: 98.
mete *s. f. limit, range*: 659.
meure *s. f. mulberry*: 152.
mipartir *v. t. share, divide in two*: 1122, 1904.
moleste *s. f. difficulty, trouble*: 18.
mon(t) *adv. certainly, truly*: 2132, 2255.
moussu *adj. hairy*: 90.
muet *adj. dumb, mute*: 495.
musel *s. m.* **a plain musel** *in big mouthfuls*: 2324, 2341.

naÿs *adj. born, natural*: 1644, 1648.
nellui *pron indef.* (+ **ne**) *no one*: 1230, 1248, 1856; **nulluy**: 1975.
neu de la gorge *s. m. larynx, Adam's apple*: 1517.
nice *adj. stupid*: 1653.
noise *s. f. disturbance, quarrel*: 835, 838.
noiseux *adj. noisy*: 2198.

obligier *v. r. commit o. s.*: 2260.
ordure *s. f. dirtiness, filth*: 2281.
oreille *s. f.* **faire grandes oreilles** *listen attentively*: 1288; **tirer (par) l'oreille** *tug the ear, tweak*: 2459, 2480.
ort *adj. filthy, foul, repulsive*: 75, 882, 1039, 1057.
oultrageux *adj. reckless, unreasonable*: 1194.
oultraige *s. f. or m. excess*: 594, 2464.
outrecuidié *adj. arrogant*: 1577.

pain *s. m. bread*: 1145; **pain bis** *brown or ordinary bread*: 2319; **pain de bouche** *light bread for an individual person, a bread roll*: 2351.
paller (= **parler**) *v. i. speak*: 1941.
pan, pen *s. m. part of a dress, skirts*: 1083, 2229.
papelardie *s. f. hypocrisy*: 1849.
paraler (au) *s. m. in the end*: 884.
parcent *pr. p. as adj. piercing*: 699.
parceverer *v. i. persevere, continue*: 1926.
pardurable *adj. eternal*: 1774.
parfin (en la) *s. f. in the end, finally*: 1781.

parer *v. t. adorn*: 229.
parser *v. r. do without*: 2586.
partie *s. f. side, party*: 361.
partir *v. r. join in, participate*: 54.
pelé *adj. bald*: 93.
pelle *s. f. frying pan*: 127.
penser *s. m. inf. subst. thought, reflexion*: 83.
percier *v. t. pierce*: 656.
peü *p. p. as adj. (well) nourished*: 2346.
pichié *s. m. sin*: 1444, 2626.
piét a piét *loc. adv. at the same pace, close to one another*: 534, 2100.
pieu *adj. merciful*: 2624.
placebo **(de *placebo* jouer)** *loc. flatter*: 1416. See Notes, p. 110.
plessier *v. r. submit*: 1581, 1584.
plevir *v. t. guarantee, vouch for*: 6.
pluget *s. m. rain*: 187.
poindre *v. i. ride hard, charge*: 619.
point *s. m. moment, opportunity*: 1431; **a point** *appropriately, at the right moment*: 1432, 1939; **en ung point** *in the same state*: 1387.
pourcel *s. m. pig*: 1264, 1303, 1313.
pourry *p. p. as adj. rotten, decayed*: 1034.
prelat *s. m. prelate*: 1880.
prendre (a) *v. r. begin to*: 250.
preu *s. m. profit, advantage*: 282.
procurer *v. t. bring about, cause*: 514.
prosme *s. m. neighbour*: 794.
puellent *3 pl. pr. ind. pouoir be able*: 697, 698, 1526; **piuellent**: 1080.
puis *prep. after*: 2551.
pur *adj. simple, mere*: 2234.
put *adj. evil, wicked*: 222, 555.

quartain *adj. quartan, of a fever which returns every fourth day, with an interval of two days between attacks*: 117.
querre *v. i. run*: 382; **querre seure** *attack*: 1814.
ques (si ques) *conj. so that*: 2294.

raison *s. f. reason*: 2450; **hors heure et raison** *unpredictably, unreasonably*: 2448.
ramentevoir *v. t. recall, mention*: 1552.
ramonester *v. t. instruct again or in turn, repeat advice*: 2482. See Introduction, p. 21.
rapoindre *v. i. gallop, spur forward once more*: 619.
rasotté *p. p. as adj. demented*: 1571.

rassis *adj. calm*: 1368, 2494.
ratendre (a) *v. i. be attentive again to*: 2309. See Notes, p. 112.
ravoier *v. t. lead back*: 922.
rebechier *v. t. answer back, reprimand*: 1203.
rebelle *adj. rebellious*: 226.
rechineux *adj. frowning, sullen*: 90.
refetardi *adj. stupefied*: 494.
regart *s. m. concern*: 252.
regnardie *s. f. ruse, deceit*: 1850.
rempo(s)ne *s. f. insult*: 1311, 1820, 2586.
remposner *v. t. taunt, deride*: 2571.
rendonnee (de) *adv. speedily, impetuously*: 775.
repentir *v. r. regret, be sorry*: 1146; **s'en repentir** *cease from doing s. th.*: 1342.
repondre *v. t. hide, conceal*: 1865.
repreuve *s. f. reproach, blame*: 1316, 1756.
respit *s. m. pause*: 457.
res(s)oubz *p. p.* **ressourdre** *restored*: 508, 1812.
restat *s. m.* **mettre en restat** *put to one side*: 1396.
retraire *v. i. retreat, withdraw*: 621, 1957, 2604; *v. t. explain, relate*: 1923, 1958.
retrait *s. m.* **sans retrait** *without hesitation*: 1924.
riot *s. m. dispute, quarrel*: 1361, 2498.
riulé *p. p. as adj. disciplined, in order*: 781.
roialté *s. f. royalty*: 1188.
rougneux *adj. scabby*: 93.
route *s. f. group*; **en une route** *together*: 1902.
ruer *v. t. say, utter*: 800.

sachier *v. t. pull (out), grab, tug, jostle*: 61, 190, 2515.
sain *s. m. breast* **mettre en son sain** *hide on o. s.*: 2354. See Notes, p. 112.
sain *adj. safe*: 2354. See Notes, p. 112.
saintif *adj. healthy*: 120.
sainture *s. f. belt, girdle*: 2229.
saouler *v. r. be satisfied*: 1141.
saulver *v. t. keep safe, protect*: 790, 1423.
savetier *s. m. cobbler*: 1878.
sayn *s. m. fat, suet*: 127.
scïence *s. f. knowledge, certainty*: 912.
secourre *v. t. help*: 350.
seignoury *adj. seigneurial*: 2154.
selle *s. f. seat*: 2608.
semondre *v. t. convoke*: 1455.
sente *s. f. path*: 1101, 1119, 1125, 1136, 1173, 1178.

sequerront 3 pl. fut. secourre, to help: 385; **sequeure** 3 sg. pres. subj.: 383.
sergent s. m. court officer, servant: 1738, 1744.
sermonner v. i. preach, discourse: 2095.
servant s. m. servant: 1805, 1807.
seurplus s. m. extra: 1185.
significacion s. f. significance: 1256, 1270.
signour s. m. lord: 1548; husband: 2061.
simple adj. foolish: 495; decent, respectable: 1983, 2001.
siure, sivre, suire v. t. follow: 833, 1751, 2013, 2099.
some s. f. burden, load: 1277.
songier v. t. imagine: 2120.
substance s. f. goods, possessions: 1450.
superfluité s. f. excess: 768.
suppediter v. t. trample underfoot, crush: 654, 679.
surcot s. m. overgarment, usually sleeveless: 2233.
sushaucier v. t. elevate: 1399.

taillié (a) p. p. suited to, ready to: 34.
taindre v. t. dye, colour: 704.
talentif adj. keen, desirous: 2208.
tancier v. i. quarrel, dispute: 33, 838.
tenson s. f. dispute, argument: 835.
tenté p. p. tempted: 1598, 1985.
terme s. m. delay: 457.
termine s. m. delay: 2130.
tesmongnier v. t. testify: 2249.
tien (le) pron. what is yours: 1423.
tierce adj. tertian, of a fever which returns every third day, with a day between attacks: 117.
tondre v. t. tonsure: 1340.
tonner v. i. thunder: 2200.
torner v. r. turn, go away: 1713; blow: 1717; spin: 1718; v. t. sway, influence: 1714.
tour s. m. means, recourse: 168.
tousser v. i. cough: 150.
tout conj. even though: 1651.
toutevoies adv. nevertheless: 7.
traïnner v. t. drag (a traitor's penalty was to be dragged behind a horse): 956.
traire v. i. approach, draw near: 250, 2603; shoot: 656, 702 ; v. r. draw away: 658.
traire arriere v. t. remove, reject: 310.
trait s. m. shot, firing path of the arrow: 658, 664, 670, 690, 711.
traitable adj. gracious, affable: 544.
trappe s. f. ambush, trap: 492.

travers (au) *adv. in the wrong way*: 1240; **en travers** *all around*: 336.
tresbuchier *v. t. unseat, throw down*: 1148.
trespas *s. m. route*: 852; *passage, interval*: 2466.
tressuer *v. i. sweat profusely*: 76, 104, 2276.
triacle *s. m. antidote*: 246.
tricheor *s. m. cheat, liar*: 1573.
troveiller *v. t. torment*: 931.
truffer *v. r. have a good laugh*: 1429; *v. t. ridicule*: 1430.
tuerdre *v. r. go astray*: 858; *v. i. turn away from*: 885; *v. t. twist*: 886.

vain *adj. weak, exhausted*: 1157.
vallet *s. m. servant, assistant*: 1366, 1458; **varlet**: 2528.
vëans *pr. p. in the sight of*: 1060.
veinne *s. f. disposition*: 2262.
venir *v. r. s'en venir de stem from*: 288.
venir au devant de *v. t. come to meet, confront*: 360.
vin aux chevaulx *s. m. water*: 2332.
visee *s. f. aim, direction*: 236.
viser *v. t. observe*: 217.
viseux *adj. wicked, vicious*: 1510.
visiter, visetter *v. t. visit, inspect*: 2227, 2297, 2298.
vistement *adv. quickly*: 658.
vivre *s. m. inf. subst. livelihood, subsistence*: 1182.
voir *adv. truly*: 745.
voutrouller *v. r. wallow*: 82.

SELECT BIBLIOGRAPHY

Editions of *Le Mesnagier de Paris*

Le Ménagier de Paris, Traité de morale et d'économie domestique composé vers 1393 par un bourgeois parisien, ed. by Jérôme Pichon, 2 vols (Paris: Société des bibliophiles françois, 1846; repr. Geneva: Slatkine, 1982), II, 4–42

Le Menagier de Paris, ed. by Georgine E. Brereton and Janet M. Ferrier (Oxford: Clarendon, 1981), which does not include *La Voie de Povreté et de Richesse*

Le Mesnagier de Paris, ed. by Georgina [sic] E. Brereton et Janet M. Ferrier, trans. by Karin Ueltschi (Paris: Le Livre de Poche, 1994), contains Pichon's edition of the poem as an Appendix, without footnotes or translation

The Good Wife's Guide. Le Ménagier de Paris. A Medieval Household Book, trans. by Gina L. Greco and Christine M. Rose (Ithaca: Cornell University Press, 2009), includes a prose translation of the poem (pp. 177–208)

Studies on *La Voie de Povreté et de Richesse*

BADEL, PIERRE-YVES, 'Le Poème Allégorique', in *La Littérature française aux XIVe et XVe siècles, 1, Grundriss der romanischen Literaturen des Mittelalters*, VIII/1 (Heidelberg: Carl Winter, 1988), pp. 149–53 (pp. 151–52)

BADEL, PIERRE-YVES, *'Le Roman de la Rose' au XIVe siècle. Etude de la Réception de l'Œuvre* (Geneva: Droz, 1980), pp. 354–61

CROPP, GLYNNIS M., '*La Voie de Povreté et de Richesse*, a Fourteenth-Century Moral Allegory', in *Court and Cloister, Text and Context: Studies in Short Narrative in Honor of Glyn S. Burgess*, ed. by Jean Blacker and Jane H. M. Taylor, Arizona Medieval and Renaissance Texts and Studies (Tempe: ACMRS, forthcoming)

EPURESCU-PASCOVICI, IONUT, '*Le Chemin de Povreté et de Richesse* and the Late Medieval Social Imaginary', *French Historical Studies*, 36.1 (2013), 19–50

GRECO, GINA L. and CHRISTINE M. ROSE, *The Good Wife's Guide* (see details above), pp. 5–6, 177–80

LÅNGFORS, ARTHUR, 'Jacques Bruyant et son poème *La Voie de Povreté et de Richesse*', *Romania*, 45 (1918–19), 49–83

Manuscripts

Le Livre du Chastel de Labour, par Jean Bruyant: a description of an illuminated manuscript of the fifteenth century (Philadelphia, 1909)

ATHERTON, B. and J. K. ATKINSON, 'Les Manuscrits du *Roman de Fortune et de Félicité*', *Revue d'Histoire des Textes*, 22 (1992), 169–251 (p. 197)

BRIQUET, CHARLES-MOÏSE, *Les Filigranes, dictionnaire des marques de papier dès leur apparition vers 1282 jusqu'en 1600*, 4 vols (Paris: A. Picard, Geneva: A. Julien, 1907)

Corpus Catalogorum Belgii. The Medieval Booklists of the Southern Low Countries.

Volume V: Dukes of Burgundy, ed. by Thomas Falmagne and Baudouin Van den Abeele (Brussels: Paleis der Academiën, 2011)

CROPP, GLYNNIS M., 'Les Manuscrits du *Livre de Boece de Consolacion*', *Revue d'Histoire des Textes*, 12–13 (1982–83), 263–352 (pp. 284–85)

HICKS, ERIC, *Le Débat sur le Roman de la Rose* (Paris: Champion: 1971), pp. lxiii–lxvii, lxxxi–lxxxiii

LANGLOIS, ERNEST, *Les Manuscrits du Roman de la Rose* (Paris: Champion, Lille: Tallandier, 1910), pp. 20–22

MEYER, PAUL, 'Le livre du Chastel de Labour, par Jean Bruyant', *Romania*, 39 (1910), 419–420

The Poetical Works of Alain Chartier, ed. by J. C. Laidlaw (Cambridge: Cambridge University Press, 1974), p. 67

Editing

BOURGAIN, PASCALE et FRANÇOISE VIELLIARD, *Conseils pour l'Edition des textes médiévaux, Fascicule III, Textes littéraires* (Paris: Ed. du CTHS, Ecole nationale des chartes, 2002)

FOULET, ALFRED and MARY BLAKELY SPEER, *On Editing Old French Texts* (Lawrence: Regents Press of Kansas, 1979)

JODOGNE, OMER, '*povoir* ou *pouoir*? Le cas phonétique de l'ancien verbe *pouoir*', *Travaux de linguistique et de littérature* 4.1, *Mélanges de linguistique et de philologie romanes offerts à Monseigneur Pierre Gardette* (Strasbourg: Klincksieck, 1966), 257–66

ROQUES, MARIO, 'Etablissement de règles pratiques pour l'édition des anciens textes français et provençaux. Société des anciens textes français. Compte rendu de la séance tenue à Paris les 18 et 19 octobre 1925', *Romania*, 52 (1926), 242–56

Other Works Consulted

1. Texts

BOETHIUS, *Philosophiae Consolatio*, ed. by L. Bieler, Corpus Christianorum, Series Latina, 94 (Turnhout: Brepols, 1957)

CHRESTIEN DE TROYES, *Yvain (Le Chevalier au lion)*, ed. by T. B. W. Reid (Manchester: Manchester University Press, 1952)

CHRISTINE DE PIZAN, *Epistre Othea*, ed. by G. Parussa (Geneva: Droz, 1999)

——, *Proverbes moraux*, in *Œuvres poétiques*, ed. by Maurice Roy, 3 vols (Paris: SATF, 1886–1896), III, 45–57

GERVAIS DU BUS, *Le Roman de Fauvel* , ed. by Arthur Långfors (Paris: F. Didot, 1914–19)

GRINGORE, PIERRE, *Le Chasteau de Labour Nouvellement Imprimé* (Paris, ca. 1500); (Wolfenbüttel, Herzog August Bibliothek (M: Lm 1661 (1)); 4°: a8, B–C4, D8, E–F4, G8; <http://diglib.hab.de/drucke/lm-1661-1s/start.htm>

GUILLAUME DE LORRIS et JEAN DE MEUN, *Le Roman de la Rose*, ed. by Félix Lecoy, 3 vols (Paris: Champion, 1966–1970)

Le Respit de la Mort par Jean Le Fèvre, ed. by Geneviève Hasenohr-Esnos (Paris: A. et J. Picard, 1969)
JEHAN MAILLART, *Le Roman du comte d'Anjou*, ed. by Mario Roques (Geneva: Droz, 1931)
SENECA, *Moral Essays*, ed. by John W. Basore, 3 vols (London: Heinemann, New York: Putnam's Sons, 1932)
La 'Somme le Roi' par Frère Laurent, ed. by Edith Brayer et Anne-Françoise Leurquin-Labie (Paris: SATF, 2008)

2. General Works

ASBELL, WILLIAM J., JR., 'The Philosophical Background of *Sufficientia* in Boethius's *Consolation*, Book III', *Carmina Philosophiae. Journal of the International Boethius Society*, 7 (1998), 1–17
BARBER, RICHARD, *Bestiary, being an English version of the Bodleian Library, Oxford M.S. 764* (Woodbridge: Boydell, 1993)
BROWN, CYNTHIA, 'Pierre Gringore et ses imprimeurs (1499–1518): collaborations et conflits', *Seizième Siècle*, 10 (2014), 67–87
BRUNET, JACQUES-CHARLES, *Manuel du libraire et de l'amateur de livres*, 6 vols (Paris: F. Didot, 1864), II, 1742–45
DITTMAR, PIERRE-OLIVIER, 'Le Seigneur des animaux entre *Pecus* et *Bestia*. Les Animalités paradisiaques des années 1300', in *Adam, le premier homme*, ed. by Agostino Paravicini Bagliani, Micrologus Library, 45 (Florence: Sismel, 2012), pp. 219–54 (pp. 240–49)
GEREMEK, BRONISLAW, *The Margins of Society in Late Medieval Paris*, trans. by J. Birrell (Cambridge: Cambridge University Press, 1987)
——, *Poverty: A History*, trans. by A. Kolakowska (Cambridge, MA: Blackwell, 1994).
HUNT, TONY, 'The Christianization of Fortune', *Nottingham French Studies*, 38.2 (1999), 95–113
LE GOFF, JACQUES, *Time, Work and Culture in the Middle Ages*, trans. by Arthur Goldhammer (Chicago: Chicago University Press, 1980)
MARENBON, JOHN, *Boethius* (Oxford: Oxford University Press, 2003)
MOLLAT, MICHEL, *The Poor in the Middle Ages. An Essay in Social History*, trans. by A. Goldhammer (New Haven: Yale University Press, 1986)
MURRAY, ALEXANDER, *Suicide in the Middle Ages*, 2 vols (Oxford: Oxford University Press, 1998, 2000)
OULMONT, CHARLES, *Pierre Gringore: La Poésie morale, politique et dramatique à la veille de la Renaissance*, Bibliothèque du Quinzième siècle, 14 (Paris: Champion, 1911; repr. Geneva: Slatkine, 1976)
Oxford Dictionary of Literary Terms (Oxford: Oxford University Press, 2008)
WHITNEY, ELSPETH, *Paradise Restored. The Mechanical Arts from Antiquity through the Thirteenth Century* (Philadelphia: The American Philosophical Society, 1990)

Dictionaries and Language

COTGRAVE, RANDLE, *A Dictionarie of the French and English Tongues* (London, 1611; repr. Hildesheim–New York: G. Olms, 1970)

Dictionnaire du Moyen Français (DMF 2012), <http://www.atilf.fr/dmf>, ATILF-CNRS & Université de Lorraine

DI STEFANO, GIUSEPPE, *Nouveau Dictionnaire historique des Locutions. Ancien Français — Moyen Français — Renaissance*, 2 vols (Turnhout: Brepols, 2015)

HASSELL, JAMES W., *Middle French Proverbs, Sentences, and Proverbial Phrases* (Toronto: Pontifical Institute of Mediaeval Studies, 1982)

HINDLEY, ALAN, FREDERICK W. LANGLEY and BRIAN J. LEVY, *Old French-English Dictionary* (Cambridge: Cambridge University Press, 2000)

MARCHELLO-NIZIA, CHRISTIANE, *La Langue française aux XIVe et XVe siècles* (Paris: Nathan, 1997)

MARTIN, ROBERT et MARC WILMET, *Manuel du français du moyen âge. 2. Syntaxe du moyen français* (Bordeaux: SOBODI, 1980)

MORAWSKI, JOSEPH, *Proverbes français antérieurs au XVe siècle* (Paris: Champion, 1925)

POPE, MILDRED K., *From Latin to Modern French with Especial Consideration of Anglo-Norman* (Manchester: Manchester University Press, 1973)

MHRA Critical Texts

This series aims to provide affordable critical editions of lesser-known literary texts that are not in print or are difficult to obtain. The texts will be taken from the following languages: English, French, German, Italian, Portuguese, Russian, and Spanish. Titles will be selected by members of the distinguished Editorial Board and edited by leading academics. The aim is to produce scholarly editions rather than teaching texts, but the potential for crossover to undergraduate reading lists is recognized. The books will appeal both to academic libraries and individual scholars.

Malcolm Cook
Chairman, Editorial Board

Editorial Board

Professor Malcolm Cook (French) (Chairman)
Professor Guido Bonsaver (Italian)
Dr Tyler Fisher (Spanish)
Professor David Gillespie (Slavonic)
Professor Justin Edwards (English)
Dr Stephen Parkinson (Portuguese)
Professor Ritchie Robertson (Germanic)

www.criticaltexts.mhra.org.uk

www.ingramcontent.com/pod-product-compliance
Lightning Source LLC
Chambersburg PA
CBHW071510150426
43191CB00009B/1474